高齢者介護はリスクマネジメントの時代へ

介護のプロを呼び戻せ

濱田孝一
Koichi Hamada

花伝社

高齢者介護はリスクマネジメントの時代へ——介護のプロを呼び戻せ◆目次

序　章　介護の働きにくさの原因は「リスクマネジメントの遅れ」

第1章　介護リスクマネジメントの全体像を理解する

第2章　介護事故にかかる法的責任とその課題と矛盾

第3章　リスクマネジメントのできない事業者のもとで働いてはいけない

第4章　リスクマネジメントの実務とポイント

序章

介護の働きにくさの原因は「リスクマネジメントの遅れ」

1　介護人材不足が加速すると、社会・経済が破綻する

介護業界が、いま一番困っていることは何か――。それは人材不足です。

介護事業者を対象とした従業員の過不足状況の調査で、「大いに不足」「不足」「やや不足」と答えた事業所を合わせると、訪問介護員では全体の八割超、介護保険施設、通所介護などの介護職員でも七割に上ります（「令和四年　介護労働実態調査」）。

各事業者の経営状態というミクロの視点で見ると、訪問介護員の不足は、利用希望者がいるのに事業の拡大ができないという意味合いが強く、一方の介護職員の不足は、定められた人員を満たさず特養ホームやデイサービス事業の維持が困難になるという、より逼迫した状態です。

ただ、介護システムの安定性というマクロの視点で見ると、どちらもサービスの供給が不安定になる、必要な介護サービスが利用できなくなるという社会問題に直結します。その対策として、「ＩＣＴ・管理ソフトの導入による効率化」「外国人人材の積極的な受け入れ」などが挙げられていますが、いずれも根本的な解決にはほど遠いものです。

労働者不足は、建設業や運送業でも社会問題となっていますが、介護業界の人材不足は、対応の難しさという視点で見るとより深刻です。

一つは、労働集約的、かつ高度に専門的なサービスであるということ。

タクシーやバス、トラックなどの運送業の場合、自動運転技術の進化や配送システムの効率化、ライドシェアの導入によって、その不足をある程度カバーすることができます。建設業においても、元請け・孫請けといった硬直的なピラミッド型の産業構造の見直しや、ロボットやAI、ICTの導入によって作業効率や業務内容を改善させることは可能です。

しかし、介護はロボットやAIに代替させることはできません。要介護3以上の重度要介護高齢者は、排泄、入浴、食事、移動移乗など生活全般にわたって二四時間体制での継続的、かつ臨機応変な介護が必要ですし、認知症高齢者は突然、予想外の行動を起すことも多いため、専門的な知識・技術をもつ介護人材を育成しなければなりません。

二〇三五年には重度要介護発生率、認知症発症率が顕著に高くなる八五歳以上の後後期高齢者が一〇〇〇万人に到達します。その介護需要に比例した介護人材を確保できなければ、「保険あれど介護なし」の状態になり、介護難民が大量に発生します（図表0-1参照）。

もう一つは、介護と経済の関係です。

八五歳以上の後後期高齢世代は増加する一方で、少子化によってそれを支える二〇〜六四歳の勤労世代は一〇〇〇万人単位で減少していきます。二〇二〇年には、後後期高齢者一人当たり一一・三人の勤労世代で支えていたのに対し、二〇四〇年には半減の五・八人に、二〇六〇年には四・〇人、二〇八〇年には三・四人とそのアンバランスは一気に拡大します（図表0-

前期高齢者	
65〜74歳	
まだまだ元気で働ける 要介護になる割合は低い	
要支援	1.37%
要介護１・２	1.55%
要介護３〜５	1.33%
合　計	4.25%

前後期高齢者	
75〜84歳	
身体機能が少しずつ低下 できないことが増えてくる	
要支援	6.72%
要介護１・２	7.29%
要介護３〜５	5.65%
合　計	19.66%

後後期高齢者	
85歳〜	
身体機能・認知機能急低下 重度要介護になる人が急増	
要支援	13.25%
要介護１・２	22.26%
要介護３〜５	23.49%
合　計	59.00%

壮年後期
（働いている人も多い）

高齢者（お年寄り）のイメージ

介護問題に直面

介護給付費等実態統計より作成

図表０−１　年齢別　高齢者の要介護・重度要介護発生率

２）。勤労世代にかかる負担は、いまの二倍、三倍になっていくということです。

　介護のコンサルタントの立場で言いたくはありませんが、バブル崩壊後、日本の景気が長期にわたって低迷を続けているのは、高齢者の社会保障費にお金がかかりすぎて、経済に回せないからです。「日本の国家財政は破綻しない」という論調が高まっていますが、このまま医療介護費用が増加すれば、一〇年以内に多くの地方自治体が財政破綻を起こします。それは京都市、北九州市などの大都市、政令指定都市でも例外ではありません。中核都市の破綻は都道府県全体に及び、地域経済の屋台骨を揺るがすことになります。そうなれば、その毒が日本全体に蔓延するのは時間の問題です。短期的な経済対策とは切り離し、中長期的な経済と社会保障のアンバランスの修正を行わなければ、日本の未来はありません（拙著『「地域包括ケア」の落とし穴』参照）。

　しかし、介護サービスを抑制すると、介護離職やヤン

	2020年	2040年	2060年	2080年
20～64歳人口	6,938万人	5,808万人	4,726万人	3,091万人
高齢者人口	3,602万人	3,928万人	3,643万人	2,842万人
後後期高齢者人口	613万人	1,006万人	1,170万人	907万人
高齢人口比	1.93人	1.48人	1.30人	1.09人
後後期高齢人口比	11.31人	5.77人	4.03人	3.41人

国立社会保障・人口問題研究所「将来推計人口」（令和５年）より作成

図表０−２　後後期高齢者人口と20～64歳人口の対比

グケアラーが激増します。親の介護の難しさは、「一人の子供にかかる介護負担の増加」「独居・夫婦世帯の増加」「子供世帯との遠距離化」「介護期間の長期化」「晩婚化・晩産化による子育てとのダブルケア」など様々な問題が重なっています。これに加えて、人材不足・財源不足で、介護サービスが適切に利用できなくなると、子供が仕事を辞め、孫が進学を諦めて、親や祖父母の介護をするしか選択肢がなくなるからです。

現在、介護離職者数は年間一〇万人程度ですが、その数は積み重なっていきますから、いまでも、介護が原因で仕事ができない人、常勤で働けない人は一〇〇万人を超えるといわれています。この先、年間離職者が三〇万人、四〇万人となると、介護が原因で働けない人は勤労世代の一割に達します。

この介護離職は、社会を支える側にいる人が減るというだけではありません。介護別居や介護離婚、介護疲れによる医療費の増加、子供家族の生活破綻、生活保護受給世帯の増加など、支える側の人が支えられる側に移るという最悪の選択です。さらにその貧困という負のスパイラルは子供、孫へと何世代にもわたって引き継がれていくことになります。

介護人材の確保は「介護サービス事業者」「要介護高齢者と家族」の問題ではなく、経済・社会システム維持のために不可欠なのです。

2　介護人材不足や経営悪化は、介護報酬の低さが原因ではない

「介護の人材不足は介護報酬が低いのが問題だ」

「介護スタッフの給与の見直しを根本的に考えなければ、人材不足は解決されない」

それが唯一の方策であるかのように語られていますが、これは正しくありません。

マスコミなどで「四〇歳男性の平均年収は、介護労働者と一般会社員を比較すると一〇〇万円以上違う」というデータが示されることがありますが、これは「介護の給与は低い」ということをアピールするために作られたデータです。

「四〇歳男性」と言っても、比較される介護労働者の勤続年数は半分程度ですし、全産業の平均でも、「男女の性差」「大卒・高卒などの学歴差」「大企業・零細企業などの企業規模」などによる給与格差は一〇〇万円どころではありません。

これに対し、高齢者介護の仕事は、「資格の有無」「夜勤の有無」などによって給与体系は変わってきますが、「企業規模」「性差」「学歴」による給与差はほとんどありません。サービス

業の中では高い給与の部類に入りますし、「短大卒・二〇代女性」などに限定すると、反対の結果になります。

現在の介護報酬が、その専門性や労働対価として十分だと言っているわけではありません。ただ、高齢者介護の仕事は、景気変動や技術革新にも左右されない、三〇年、四〇年先も、全国どこでも働くことのできる公務員よりも安定した仕事です。やればやるだけ給与・待遇に反映される営業職などの「成果主義」を望む人はそうすれば良いことですが、他の業種・業界が介護よりも楽で、たくさん給与がもらえると思ったらそれは大間違いです。

「小規模の介護サービス事業者の経営が逼迫している」
「処遇改善加算など、零細の介護事業者には対応できない」

介護事業者の経営悪化を憂える声が聞こえますが、これも介護報酬が原因ではありません。どんな事業でも、経営が安定するために必要な規模、損益分岐点があります。ラーメン屋さんでも、喫茶店でも、一日に一〇人しかお客が来なければ赤字になります。

訪問介護でも、事業所の家賃や事務員の人件費などの固定費がかかりますから、一定以上の訪問介護員がいて、それに見合う利用者がいなければ、経営が維持できないのは当然のことです。また、規模が小さければ、一人のスタッフが体調不良などで急に休みになったり、退職したりすると他のスタッフへのしわ寄せ、負担が重くなるため労働環境も安定しません。そのため、小規模の事業者ほど離職率が高くなることがわかっています。

それは、デイサービスや介護付有料老人ホームでも同じです。小規模の「地域密着型サービス」は、もともと単独では営利事業には適しません。離島や市街地から離れた集落などで「利益確保に必要な規模が見込めない」というのであれば、非営利の社会福祉法人が担当すべき事案です。

建築業界や自動車メーカーのようなピラミッド型の事業であれば、元請企業と下請企業の間にいびつな力関係が生まれますが、介護サービス事業の場合、大規模も中小企業も経営環境は変わりません。厳しいようですが、経営責任はそれぞれの経営者にあります。杜撰な事業計画で「これからは介護の時代だ、介護は儲かる」と参入したにもかかわらず、「事業計画通りにスタッフ・利用者が集まらない」「零細企業でも利益がでるように介護報酬を上げるべき」「零細企業には処遇改善加算のハードルが高い」と訴えるのは、間違っています。

「介護倒産が過去最高を更新し続けている」

「小さな介護サービス事業所、訪問介護がどんどんつぶれている」

同様に、年中行事のように東京リサーチのデータがニュースになりますが、これは作られたデータというよりも、客観的に見れば滑稽な話です。

「令和六年の介護倒産は一七二件で過去最高となった」と煽っていますが、一年間の介護サービス事業者の倒産件数は一五〇件から二〇〇件程度です。介護サービス事業者数は全国で二五万ありますから、その倒産率は〇・一％未満です。

非常勤を含めた訪問介護員が一〇人未満という零細企業が多数を占めながら、これほど倒産率の低い（ほぼゼロに近い）産業・業態は、介護以外にはありません。

逆に、大手の介護サービス会社、高齢者住宅企業には、その収益率の高さを背景に株式上場を果たし、巨額の配当を目当てに投資ファンドが続々と参入しています。それら株主の要求に応える配当を確保するために、スタッフの給与が低く抑えられているのです。同様に社会福祉法人でも、理事長が市会議員や県会議員、その妻や天下り公務員が施設長、息子が事務長というところも多く、彼らに支払われる高額の報酬・給与だけで年間数百億円に上ります。だから介護スタッフの給与が上がらないのです。

公的な介護保険制度に基づく事業なのに、その莫大な利益が介護現場の待遇改善や利用者のサービス向上に還元されていないことの方が、憂慮すべき社会課題です。

派遣と正規職員の待遇が逆転

もう一つ、いま介護人材不足の主たる原因となっているのは、派遣職員の増加です。

他の業界では非正規労働者の待遇の悪さが問題になっていますが、介護業界では慢性的な人材不足を背景に、派遣職員の方が給与は高く、重い責任だけが安い給与の正規職員に圧し掛かるという逆格差が生まれています。そのため、「正規職員なんてバカバカしくてやってられるか」と介護サービス事業所を退職し、派遣会社に登録する介護福祉士や看護師が増加しているのです。

介護サービス事業所が派遣会社に支払う人件費は正規職員の一・五倍、介護の人材紹介業も活発化しており、一人の正規職員を紹介してもらうと、その紹介料は半年で五〇万円～一〇〇万円に上るといいます。介護付有料老人ホームやグループホームの中には働くスタッフの半数以上が派遣社員、非正規社員というところもあります。その紹介された人も、約束された規定の半年を超えると、また別の紹介業者の「転職報奨金」を目当てに他の介護サービス事業所に転職をくり返します。

この介護人材不足は、特に都市部で顕著なものとなっています。

ただ、特養ホームや介護付有料老人ホーム、デイサービスでも、「介護職員不足で指定人員を満たせず、報酬減算になってバタバタ倒産している」という実態はありません。すでに述べた、介護サービス事業者の七、八割が嘆く介護人材不足は、「プロパーで募集しても誰も来ない」「派遣や紹介業者を通さないと集まらない」というのが大きな要因です。それによって、正規職員の給与が上がらず、更に派遣登録が増えるという負のスパイラルに陥っているのです。

介護サービス事業は、季節によって繁忙期と閑散期がある事業でも、受注の増減によって一時的に大量のスタッフが必要となるような事業でもありません。そもそも、派遣労働が必要とされる事業業態ではないのです。

これらの根本的な課題を解決しなければ、介護報酬を上げても、投資ファンドや派遣・紹介業者が潤うだけで、介護人材不足は解消されません。保険料や税金が上がるだけで、介護業界にも介護職員にも、また利用者、家族にも国民にも何一つメリットはないのです。

3 介護報酬を上げても、介護のプロは戻ってこない

私は、「介護報酬は今のままで十分」と言っているわけではありません。高齢者介護は家族介護の代替サービスではありません。高い技術・知識・倫理が求められる専門職種です。「歳をとったときに質の高いプロの介護を受けたいのであれば、その専門性を介護報酬の中で評価してほしい」と願うことに変わりはありません。

しかし、いま介護報酬を上げても、「他に仕事がないから介護でもやってみるか……」という腰かけタイプの無資格未経験者の割合が増加するだけで、「専門職種」としての知識・技術のある介護のプロは増えません。なぜなら、今でも介護のプロとして育成された国家資格者である「介護福祉士」の半数が、介護の仕事についていないからです。

この介護福祉士は、本を読んで勉強すれば取れるという資格ではありません。専門学校や短大など育成機関に入り、特養ホームなどの介護の現場で一定期間、実務的な研修を受けてようやく受験資格が与えられます。無資格未経験であれば、受験資格を取得するだけで最低三年は

かかります。その試験範囲は広く、介護・福祉に関わる知識・技術・制度だけでなく、「生活支援」「認知症対応や医療的ケア」「コミュニケーション能力」「発達と老化の仕組み」など高齢者や障がい者の生活支援・介護全般に関する深い知識、高い技術が求められます。

社会福祉振興・試験センターのホームページによれば、介護福祉士の登録者数は、令和六年八月末で二〇〇万人を超えています。しかし、そのうち実際に介護関連の分野に従事している人は五五％程度にとどまっています。つまり、お金と時間をかけて努力して介護の国家資格を取得しても、その半数の人は介護業界で働いていていないのです。

彼らは、「介護の仕事をやってみた」「大変だったから辞めた」という人たちではありません。介護の仕事の中身も、その大変さも、また、そのやりがいや楽しさも十分にわかっています。

また、待遇という側面からみても、平均の月額給与を比較すれば、介護福祉士（二四・七万円）と無資格者（二〇・九万円）とでは約四万円の差があります（「介護労働実態調査　令和四年度」）。令和六年からは処遇改善加算が増えますから、その差はさらに広がります。他の仕事をするよりも、介護業界で働く方が給与はいいでしょうし、やりがいもあるはずです。

それでも、「介護の仕事はもうこりごり」と介護業界から離れてしまっているのです。

その背景にあるのは、「介護業界の働きにくさ、リスク」です。

4　大きく変わった介護の契約形態と権利意識

高齢者、特に要介護高齢者の生活には、生活上の事故だけでなく、感染症や食中毒、火災・自然災害などリスクがいっぱいです。

例えば、生活上の事故。加齢によって身体機能は低下していきますから、杖を突いて歩いていた高齢者も、どこかで躓いて転倒、骨折する可能性は高くなります。「できることは一人でやろう」「車椅子には乗りたくない」という自立心が転倒の原因になることもあります。

それは介護保険施設や高齢者住宅に入居しても同じです。特に認知症高齢者は、「危ないからここで座っていてくださいね」と説明しても、目を離した隙に勝手にゴソゴソと動き始めてしまいます。骨折してギプスをしていても、それを忘れて歩き出す人もいます。

介護機能の整った特養ホームや介護付有料老人ホームでも、二四時間三六五日、マンツーマンで付き添っているわけではありません。特に夜勤帯は、二〇～二五人の要介護、認知症高齢者を一人で介護しているのですから、Aさんの排泄介助中に、Bさんからのコールや Cさんの離床センサーが鳴ることもあり、すぐに飛んでいけるわけではありません。「ちょっと待ってくださいね」となるのは、誰が考えても当たり前のことです。

私が四半世紀前、特養ホーム（定員一〇〇名）で介護している時も、怪我を伴わない軽易な転倒事故は毎月のように起きていましたし、骨折事故も年に一、二度程度はあったと記憶しています。大腿骨骨折で入院となって家族に連絡をすると、「ご迷惑をおかけして申し訳ありません」と言われたものです。それで苦情を言われたり、トラブルになったり、裁判に訴えられるなど考えもしませんでした。

しかし、いまは違います。避けられない事故であっても、「きちんと介護していたのか」「どうして転倒・骨折したんだ」と家族は激怒し、スタッフコールへの対応が遅くなると「なんですぐに来ないんだ」「サボっていたんだろう」と入所者は怒りだします。さらに、それが民事裁判になると重箱の隅をつつくような批判にさらされ、「認知症だから予測不可能な行動を起すことは予測できた」「転倒事故は介護スタッフの安全配慮義務違反だ」と、事業者に数千万円の高額な損害賠償が認められてしまうのです。

私が介護スタッフとして現場にいた平成初期の介護と、現代の令和の介護を比較すると、紙おむつや介護機器は格段に進化していますし、ケアマネジメントの導入によって、一人ひとりの要介護状態に合わせた介護（個別ケア）が行われています。高齢者介護は、入浴介助や排せつ介助、急に怒りだす認知症高齢者への対応など身体的・精神的に大変な仕事ですが、介護福祉士になろうという人は、そんなことは初めからわかっています。

しかし、どれだけ頑張って介護をしていても、不平や不満ばかりをぶつけられると疲弊するのは当たり前です。「事故を防げなかった」という後悔、「次の夜勤のときにまた転倒・骨折が起きるのではないか」という不安、「避けられない事故でも介助ミスにされる」というストレスによって心身ともに蝕まれ、真面目で優秀な介護福祉士が燃え尽きるように介護の仕事から離れてしまっているのです。

介護保険制度がもたらした変化

この変化の背景にあるのは二〇〇〇年の介護保険制度の発足です。

その一つは措置から契約に変わったこと。

介護保険が始まるまで、介護は老人福祉法の中で行われていました。その利用にあたっては、各市町村の福祉事務所に申し込みを行い、行政措置によって入所する施設、利用するサービスが決められていました。そのため、利用者や家族とトラブルがあったときも、行政が間に入ることでクッションになっていました。

これが介護保険法では、利用者・家族と事業所との「直接契約」となりました。事業者の「契約責任」「介護サービス提供責任」が明確になり、事故や家族とのトラブルが発生した時は、事業者の責任で解決することが求められます。

もう一つは、権利意識の変化です。

老人福祉の時代は全額公費が原則で、低額な料金で利用することができたため、「家族が介護できないから福祉のお世話になる」というイメージでした。しかし、介護保険法になった現在は、家族も高齢者本人も介護保険料を負担していますし、介護サービスを利用すると一割〜三割の自己負担を求められます。「お金を払ってサービスを購入している消費者」「質の高い介護サービスを受ける権利者」へと意識は大きく変わっているのです。

もちろん、それが間違っているわけではありません。ネットには、「文句があるなら家族が自分で介護しろ」などと暴言を吐く介護スタッフがいますが、これはプロ意識が欠如しています。「モンスターペイシェント」のような無理難題には毅然と対応することが必要ですが、事故やトラブルがあった時は、介護のプロとして利用者・家族と誠意をもって向き合うのは当然のことです。

ただ、介護業界は、これらサービス提供責任や権利意識の変化に向き合うための「リスクマネジメント」の対策が大きく遅れているのです。そのゆがみや軋みが、介護現場、介護スタッフに直接降りかかっているため、「介護の仕事はもうこりごり」となっているのです。

5　リスクマネジメントの遅れが介護人材が逃げ出す要因に

「介護のプロほど、いまの介護現場の働きにくさ、矛盾、リスクを知っている」

それが、いまの介護人材不足、特に介護福祉士がいなくなる最大の要因です。介護業界のリスクマネジメントが遅れている理由は大きく分けて二つあります。

一つは、旧来の社会福祉法人に見られる「変化を好まない体質」です。

多くの事業者が利用している「サービス契約書」「重要事項説明書」は、厚労省がモデル化しているものをそのまま流用しており、自分たちで、その内容や介護サービスの法的責任、その範囲について詳細に理解、検討をしている事業者は一部に過ぎません。

理事長、施設長を含め、「サービス提供責任とは何か」「どのような法的責任が発生するのか」「どこまで事業者が責任を負うのか」について深く考えたことがない、契約書など読んだこともないという人がほとんどでしょう。だから「ここに印鑑をお願いします」というだけで、契約前にその中身や事故やトラブルのリスク、禁止事項などを丁寧に説明しなければならないという認識がないのです。

もう一つが、介護の専門性やリスクを理解しない素人事業者、素人経営者の台頭です。

高齢者介護は、それまで社会福祉法人に限定されていたものが、二〇〇〇年の介護保険法によって民間の営利事業として株式会社でも経営できることになりました。その結果、高齢者介護の知識も経験もなく、また事業に対する熱意や思い入れもなく、「要介護高齢者が増えるから介護は儲かりそうだ」「これからは介護ビジネスの時代だ」と参入、拡大してきた新規事業者、素人経営者が一気に増加しました。

その特徴は三つあります。

①需要が高まるから介護業界は簡単に儲かると思っている
②介護の専門性やケアマネジメント、業務上のリスクを理解していない
③法令順守やコンプライアンスの意識が乏しい

これは中小だけでなく、大手の事業者も同じです。

ある介護経営者が「事故や苦情、トラブルはそれぞれ個別の問題なので、基本的には介護現場で対応すべき問題だ」と言っているのを聞いて、「大手でもこのレベルか……」と驚いたことがあります。「わが社のスタッフは介護のプロだから、信頼している」と持ち上げているつもりかもしれませんが、目先の利益だけを追いかけて、いま介護業界で起きている問題や介護サービス上のリスク、介護の現場が何に困っているのかに興味がないのです。「最終的にはすべて経営者の責任だ」と言いますが、「事業者の負うべき法的責任は何か」「どのような場合に、どんな責任を問われるのか」と聞いても、まったく答えられません。

これは社会福祉法人の理事長も同じです。「これまで大きなトラブルは発生していない」「誠意を持って対応すれば……」と、まるで他人事のような精神論でしかありません。「リスクマネジメントは現場の問題」というのは、経営者が提供している介護サービス（商品）の質にも、介護スタッフの労働環境にも関心がないということです。こんな業界は介護業界以外にはありません。

このような無責任な介護経営者のもとで働いていると、身体的・精神的ストレスで疲弊するだけでなく、重大事故が発生した場合、業務上過失致死の刑事罰に問われたり、莫大な金額の損害賠償を求められたり、苦労して取得した介護福祉士やケアマネジャーの資格が剥奪されたりします。

だから、そのリスクを知っている介護のプロである介護福祉士が、「とてもこんな業界・事業所では働けない」と次々と逃げ出しているのです。

6 リスクマネジメントの基本は、介護スタッフの労働環境の整備

近年、ようやく介護業界にもリスクマネジメントという言葉が浸透してきました。介護報酬の中でも介護保険施設に対して「安全対策体制加算」として、事故防止に関する指針整備や安全対策の担当者、委員会の設置を推進しています。

私も各企業、各種団体等でセミナーや講演を行っていますが、この加算基準を含め、いまの介護リスクマネジメントにはいくつかの根本的な誤解があると感じます。

一つは、リスクマネジメントの対策強化は、介護現場だけの仕事ではないということ。

リスクマネジメントはその名の通り、介護サービス事業上発生する事故や、家族からの苦情・クレーム、感染症、災害などのリスクを適切に管理・マネジメントすることです。「わた

したちは介護事故ゼロを目指しています」という事業所がありますが、「介助ミス、連携ミスによる事故を減らす」ことはできても、生活上の転倒事故をゼロにはできません。

介護現場のことを知らないまま、「事故が増えているから、ゼロを目標にしているとアピールしよう」と思い付きで目標を立てるから、何もミスをしていないのに、たまたまその日に夜勤だった介護スタッフの責任かのような雰囲気になってしまうのです。

詳細は本論で述べますが、リスクマネジメントの実務は、入所・利用前の契約までの対策が八割を占めます。また、「通常の介護看護業務」＋「リスクマネジメント対策業務」があるわけではありません。そのリスクマネジメントの全体像や関係性を理解していないから、「報告書や会議が増えるだけ」「忙しくてリスクマネジメントなんて無理」と介護現場が疲弊しているのです。

もう一つは、その主たる目的は介護労働環境の整備・改善だということ。

介護リスクマネジメントの目的は三つに分かれます。

① 事故・感染症・災害などのリスクから入所者・利用者を守ること
② 介護サービス上発生するリスクから職員を守ること
③ サービス上発生するリスクから事業経営を守ること

恐らく、介護業界、特に介護看護スタッフの多くは、リスクマネジメントを①の入所者や利用者を守ることだと考えているでしょう。それは間違いではありません。逆に、介護以外の一般企業で行われているリスクマネジメントの主眼は、③の会社、事業を守る対策です。もちろん、それも重要です。

現在の介護のリスクマネジメントで、介護現場にも介護経営者にも決定的に欠けているのが、②の「介護看護スタッフ、職員を守る」「自分を守る・仲間を守る」という視点です。それは介護看護を含むすべてのスタッフが、業務上発生する事故やクレームを過度に恐れることなく、安全に、安心して働くことのできる労働環境、サービス環境を整えるということです。

それがわかっていないから、「介護事故報告書」「安全介護マニュアル」「リスクマネジメント委員会」などの対策が形骸化し、「あれもリスク、これもリスク……」と余計に介護現場を混乱させ、ストレスを増やしているのです。その結果、介護のプロが逃げ出し、残るのは事故やトラブルに鈍感なスタッフばかりとなり、更に事故やトラブルが増えるという負のスパイラルに陥っているのです。

介護看護スタッフが安全に、安心して働ける環境でなければ、質の高い介護サービスは提供できません。同時に介護スタッフが安全に働けないような労働環境の企業・事業所に未来はありません。逆を言えば、現場にいる介護スタッフが安全・安心に働ける環境が整備できれば、後の二つの目的はおのずとついてくるのです。

これから高齢者介護の業界は、このリスクマネジメント対策によって二極化していきます。介護リスクマネジメントとは何か、どのような視点が必要なのか、その実務的な知識・技術・ノウハウについて考えていきましょう。

第1章

介護リスクマネジメントの全体像を理解する

介護の世界にも、「リスクマネジメント」という言葉がようやく浸透してきました。しかし実際は、「介護事故の発生予防」のみに重点が置かれ、「事故報告書」「安全介護マニュアル」「事故予防委員会・担当者の設置」といった形式的・事務的なものにとどまっています。その結果、「リスクマネジメントなんてやっても意味がない」「忙しいのでリスクマネジメントができない」といった間違った方向に進みつつあります。

介護リスクマネジメントとは何か、いまのリスクマネジメント対策は何が間違っているのか、まずはその基本、全体像について整理します。

1　介護の世界にリスクマネジメントが必要となる時代

「リスクマネジメント」という言葉は、ビジネス用語としてだけでなく、最近は防衛問題やサッカーなどのスポーツ解説でも、頻繁に使われています。その概念は、新しいものではありません。

「契約書は何のために作るのか」と言えば、「契約後のトラブルを防ぐため」、つまりリスクマネジメントです。大谷翔平選手が大活躍しているアメリカ大リーグの選手の契約書には、契約金だけでなく、飛行機のファーストクラスのチケットの枚数や、子供のベビーシッター代、家族がアメリカに来た時に泊るホテルのグレード、引っ越し費用まで細かく規定されていると言います。

逆に、日本の契約書の末尾には必ずある「本契約に定めなき事項または解釈につき、疑義が生じた場合は双方が誠意をもって協議し、解決するものとする」という条項は、法的には何の意味もなく、アメリカ人から見ると「疑義を生じさせないように契約書をつくるのだろう」と滑稽に感じると聞いたことがあります。

互いに権利を主張し合うのではなく、「和をもって尊しとなす」という国民性も影響しているのかもしれませんが、その曖昧さを残す美徳も「これまではそうだったが……」という話になりつつあります。

近年、日本でも「リスクマネジメント」が経営の根幹となるノウハウとしてクローズアップされているのは、経済のグローバル化、IT・AIなどの技術革新、消費者の権利意識の変化によって、これまで想定していなかったトラブルが発生し、それが企業の存続にかかわるような事態に発展するケースが増えているからです。

◆コンビニで従業員がアイスの販売ケースに入って写真撮影、拡散・炎上
◆通信教育大手で個人情報が大量流出、取締役辞任、利用者離れで赤字転落
◆飲食大手の従業員の過労自殺に対し、社長の軽率な一言からイメージ失墜
◆自動車メーカーによる度重なるリコール隠しに、販売台数が激減

◆ファストフードの中国工場で、賞味期限切れの原材料の使用発覚、売上げ激減
◆セキュリティの不備から、五八〇億円もの仮想通貨が流出

最近よく目にするのが、インターネット上での批判が殺到し、収集がつかなくなる「炎上」です。数百年続いた老舗企業や一部上場の巨大企業においても、一人の従業員の軽率な行為に加え、担当者の判断ミスや経営トップの対応の遅れが重なり、株価が大暴落、企業の存続が危ぶまれるような事態となっているのは、ご存じの通りです。

これまでのような「経験・秘訣」といった内向き、受身の対応ではなく、また「お客様のため」「誠意をもって」といった曖昧な概念ではなく、経営管理に不可欠な要素として、積極的かつ実務的な「リスクマネジメント」の知識・技術・ノウハウが必要とされる時代になっているのです。

それは介護業界も同じです。介護保険制度の発足によって、「サービス提供責任の明確化」「利用者・家族の権利意識の変化」という二つの変化の大波が押し寄せています。転倒骨折事故という事実・事象は同じでも、それによって現場の介護スタッフや事業経営に波及するリスクは、格段に大きくなっているのです。

2　介護リスクマネジメントとは何か

介護リスクマネジメントは図表1－1のように定義することができます。

①介護サービスの事業特性から生じるリスクの特性を正確に把握すること

介護サービス事業の対象は、身体機能・認知機能の低下した要介護高齢者です。筋力、視力、嚥下機能の低下によって、「転倒・転落」「誤嚥・窒息」「火傷・熱傷」「溺水」など介護上・生活上さまざまな事故が発生し、骨折や死亡といった重大事故に発展する可能性も高くなります。

感染症も同じです。コロナ禍でわかったように、高齢者は抵抗力や免疫力の低下に加え、糖尿病などの基礎疾患によって、感染症にかかると重症化します。特に、介護保険施設や高齢者住宅、通所施設などでは、高齢者の共同生活、共同利用となるために、ウイルスが流入、感染する可能性がより高くなります。

火災や災害も想定すべきリスクです。高齢者は災害弱者です。重度要介護高齢者が多く入所している特養ホームや認知症グループホームで火災や災害が発生すると、多くの人が逃げ遅れて亡くなる大災害に発展します。住宅街の場合、失火だけでなく、近隣からの類焼の可能性もあります。自然災害のリスクをハザードマップで確認するとともに、地震や水害などその立地

介護リスクマネジメントとは

高齢者・介護サービスの特性より、その**提供上発生しうるリスクを予見し**、
① そのリスクがもたらす**損失を予防**するための対策
② 不幸にして損失が発生した場合の**事後処理対策**
を**効果的・効率的**に講じることにより、事業継続と発展を確保していく**経営上の手法**

↓

サービス提供上発生しうるリスク

事　故	■介助中に発生する事故 …転倒、転落、打ち付け、衝突、落下、誤薬、溺水など ■入居者の生活上発生する事故 …転倒、転落、誤嚥、誤飲、無断外出、入居者同士のけんかなど
クレーム（入居者・家族）	■サービスの質や内容に関するクレーム、トラブル ■利用料など金銭に関するクレーム
その他のリスク	■火災（失火・類焼）・自然災害（豪雨・地震・津波など） ■食中毒・感染症の発生・蔓延

図表１－１　介護リスクマネジメントとは

『発生を予防すべきリスク』と『対応を強化すべきリスク』

↑ 発生予防　／　拡大防止 ↓

金銭に関する苦情	■ 聞いていた月額費用と違う ■ 別途費用が掛かると聞いていない
失火による火災	■ 職員・入居者・利用者の失火による火災・小火
食中毒の蔓延	■ ウェルシュ菌、ノロウイルス、サルモネラ菌…
介護ミスによる事故	■ 薬の誤配による誤薬 ■ 連携ミス、報告ミス、手続きミスによる事故 ■ スタッフ介助中の事故、送迎中の交通事故
感染症の蔓延	■ インフルエンザ、O157、疥癬…
サービスへの不満	■ スタッフの態度、サービスに対する意見
生活上の事故	■ 転倒（自立歩行、自立移乗）、食事の誤飲・誤嚥 ■ 自己管理されている薬の誤飲 ■ 認知症高齢者の予期せぬ行動による事故
自然災害	■ 類焼による火災、地震、ゲリラ豪雨、台風…

図表１－２　発生予防か対応の強化か

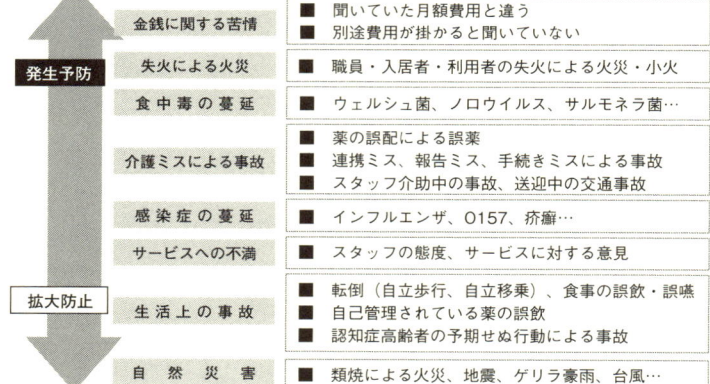

環境に応じた防災対策の検討も必要です。

加えて最近増えているのが、利用者・家族からの感情的な苦情・クレームです。些細なことで激昂し暴言を浴びせられたり、土下座を強要されるなどの事例も発生しています。訪問介護では、同居している家族からのセクハラなども検討すべきリスク要因となっています。

②リスクの発生を予防するのか、拡大を予防するのか

その関係性を示したのが、図表1-2です。

これら業務上発生するリスクは、その発生予防に重点を置くべきものと、被害拡大の防止を強化すべきものに分かれます。これが理解できていないと、効率的・効果的な対策はとれません。

例えば、確実に発生の予防が可能なのが金銭に関する苦情です。

民間の高齢者住宅の場合、「月額一五万円」と書いてあっても、そこには「食事は別途契約」「介護保険の自己負担」など、含まれていないものもあります。入院した場合、居室などのホテルコストと入院代のダブルの出費になりますから、それも事前に説明しておかなければなりません。「聞いていた月額費用と違う」「別途費用が掛かるとは聞いていない」といったお金や費用に関するトラブルは、すべて事業者の責任です。

逆に、サービスに対する不満・クレームは、事前対策をしても避けられないものです。

「部屋の掃除ができていない、ごみ箱が捨てられていない」
「スタッフの言葉遣いや服装、態度が気になる」
思ったことを口にする家族もいれば、そうではない家族もいます。「Aさんの家族は何も言わないから、苦情やクレームがない」と考えるのは大間違いで、どんな家族でもサービスに対して一〇〇%満足しているということはありません。

そのため、定期的な家族との個別面談やサービス担当者会議、ケアカンファレンスなどの機会を通じて、「清掃はこのようにさせていただいていますが、いかがですか?」「サービス向上のためにご意見いただけませんか?」と、積極的に意見や不満をくみ取る工夫が必要です。

これは、事故も同じです。介護スタッフの努力によって避けられる事故と、避けられない事故があります。

「食後の薬を隣の席の高齢者が間違って飲んでしまった」
「入浴時にシャワーから熱いお湯が出て、中度の熱傷に」
「ベッドへの移乗介助時に車椅子のブレーキが甘くなっており、一緒に転倒」

その他、連携ミス、報告ミス、手続きミスによる事故は、スタッフの努力である程度は削減できるものです。そのためにマニュアルを作ったり、定期的に備品や設備を点検したりします。

一方で、杖歩行の高齢者の転倒、自走車椅子の移乗時の転落、食事中の誤嚥、窒息、自己管理している薬の誤薬などは、スタッフの努力では避けることはできません。「事業所内での転

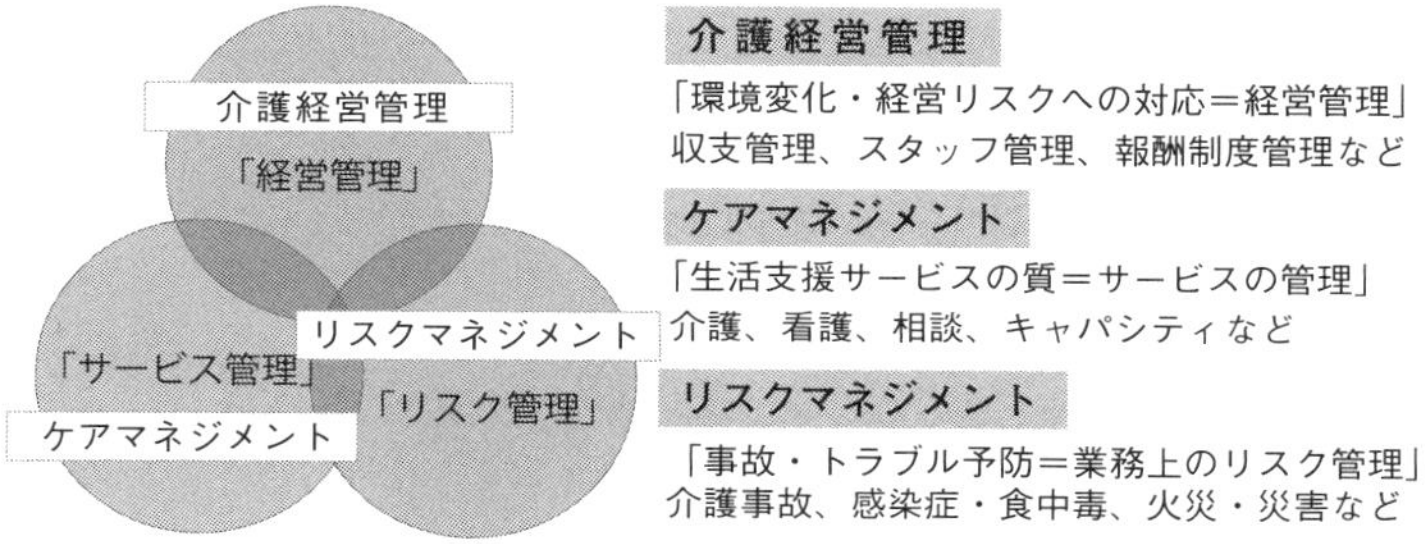

図表1－3　介護サービス事業の３つのマネジメント

倒事故をゼロにする」という目標設定は、「自然災害の発生をゼロにする」というのと同じです。この発生予防と拡大予防の違いを整理しないまま、事故を減らすことだけを目標とするために、「介護事故は全て介助ミス」ということになり、介護現場が混乱、疲弊するのです。

③介護サービス事業は三つのマネジメントでできている

もう一つ重要なことは、リスクマネジメントとは、「事業の継続と安定的発展を確保していく経営上の手法」だということです。

図表1－3のように、介護サービス事業は三つのマネジメントでできています。介護サービス事業を長期安定的に継続していくためには、この三つのマネジメントの知識・技術・ノウハウが不可欠です。

「経営管理」は、収入・支出を安定させる収支管理、利用者・入所者の募集、採用・人事労務などのスタッフ管理、介護報酬の算定・制度改定への対応などが挙げられます。

「需要が高まるから介護サービスは将来性が高い」と異業種から参入してきた事業者が多いのですが、「少子化によるスタッフ募集の困難さ」「介護保険財政悪化による制度改定」など、経営上のマイナス要因もたくさんあります。介護サービス事業の特性を理解し、経営環境の変化に適切に対応できなければ、長期安定経営はできません。

「ケアマネジメント」は、提供するサービスの量・質の管理です。

ここで言うケアマネジメントは、「ケアプランの作成」だけではありません。訪問介護や訪問看護の場合、提供するのは介護・看護サービスだけですが、特養ホームや介護付有料老人ホームでは、食事サービス、生活相談サービス、ケアプラン作成、住宅サービスなど様々なサービスを複合的に提供しています。それぞれのサービスの向上とともに、サービス間の連携体制、そのキャパシティ（介護容量）の管理も必要になります。

そして、もう一つが本書のテーマである「リスクマネジメント」です。

介護サービス事業には「安全・安心・快適」というイメージがありますが、その対象は身体機能や認知機能の低下した要介護高齢者、認知症高齢者です。無条件に「安全・安心」を担保できるわけではありません。一方で、事故や感染症などサービス提供上、高い「安全配慮義務」が求められているため、その法的責任に準拠して、業務上発生する様々なリスクを適切に管理できなければ、介護サービス事業を安定的に継続することは難しくなります。ここで言うリスクは、「高齢者の生活上のリスク」ではなく、「事業者、スタッフが負うリスク」という側

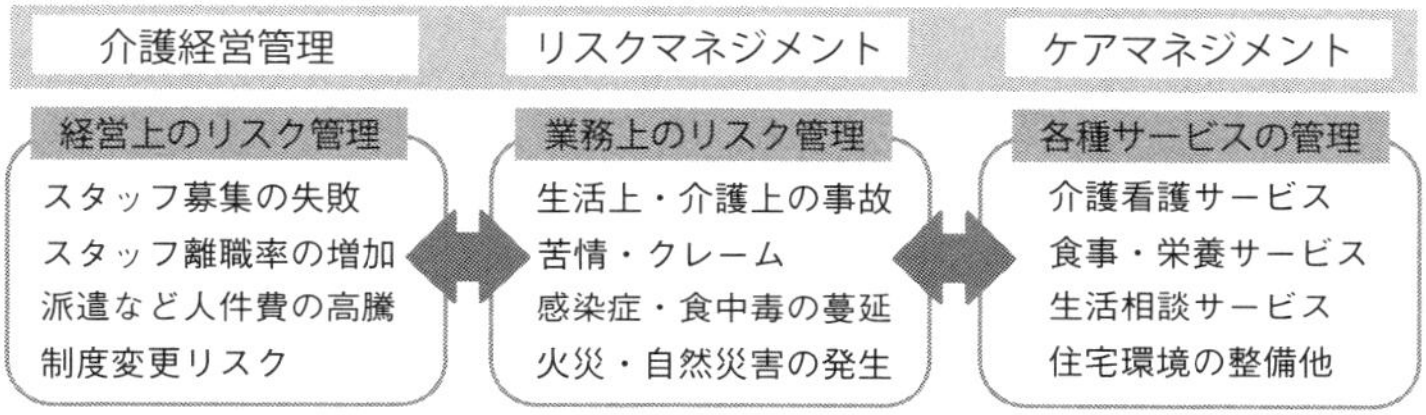

図表1－4　3つのマネジメントの関係性

面が強くなります。

この三つのマネジメントは、それぞれ独立しているのではありません。リスクマネジメントを中心に考えてみましょう（図表1－4）。

まずは「リスクマネジメント」と「経営管理」との関係です。

事故や苦情などの「業務上のリスク」と、「介護経営管理」のスタッフ離職率の増加、人件費の高騰は連動しています。序章でも述べたように、事故や感情的なクレームなどへの対応、対策ができていないから、サービスの中核となるはずの介護福祉士が介護の現場から逃げ出しているのです。その結果、高額の派遣サービスや紹介サービスを使わざるを得なくなり、人件費の高騰によって、経営収支は悪化しています。

特に、介護保険施設や高齢者住宅では介護報酬の減算になるため、採用基準を下げざるを得ず、「他に仕事がないから介護でも……」「責任のある仕事はしたくない」「言われた業務しかやらない」「いつでも辞められる派遣で……」というスタッフばかりが増加、さらに事故やトラブルが増えることになります。それに嫌気がさして優秀な介護スタッフからどんどんいなくなる→人件費が上がる→さらに事故が増える→数千万円の損害賠償請求……という負のスパイラルに陥るのです。

もう一つは、「リスクマネジメント」と「ケアマネジメント」の関係です。

ケアプランの作成、サービス担当者会議、ケアカンファレンスは、リスクマネジメント対策、特に事故対策の根幹です。アセスメントで、生活上どのような事故リスクがあるのか、その事故の発生予防策について検討するとともに、認知症高齢者の転倒骨折など避けられない事故については、家族に丁寧に説明しなければなりません。

このケアマネジメントとの関係で重要なのがキャパシティ（介護容量）の管理です。

介護サービスは労働集約的なサービスです。「認知症高齢者も重度要介護高齢者も、医療依存度の高い高齢者も受け入れ可」としている高齢者住宅は多いのですが、そのためには、その介護サービス量に比例した介護スタッフ数が必要になります。医療ケアの多くは介護スタッフには認められていませんので、看護スタッフも増やさなければなりません。

このキャパシティ（介護容量）の管理ができていなければ、介護看護システムが整わないまま、対応の難しい重度要介護高齢者、認知症高齢者、医療依存度の高い高齢者がどんどん入ってきて、現場は過重労働となり、事故やトラブルが多発することになります。

これは経営管理とも関係しています。収益性向上のためには「重度要介護高齢者を入れたい」「認知症高齢者もたくさん入れたい」と考えがちですが、それに対する適切な人員が配置されていなければ、介護現場は崩壊します。「介護の仕事は忙しすぎる」という声をよく聞きますが、その多くは、キャパシティの管理ができていないからです。

このように、「経営管理」「ケアマネジメント」「リスクマネジメント」は、それぞれ個別のものではなく、相互にリンクしています。

しかし、多くの介護経営者は、介護の経験も、資格も知識もありません。自分の仕事は「経営管理」だけで、後の二つは介護現場に任せておけばよいと考えています。現場で何が起きているのか、過重労働になっていないか、適切なサービス管理、キャパシティの管理ができているのかを無視して利益だけを求めるために、ケアマネジメントもリスクマネジメントも、経営管理までも総崩れになっているのです。

リスクマネジメントやケアマネジメントの基本やその関係性を理解していないと、介護サービス事業の経営はできません。リスクマネジメントは「事業の継続と安定的発展を確保していく経営上の手法」というのは、そういう意味なのです。

3 形だけの「リスクマネジメント」は無意味どころか逆効果

特養ホームや老健施設では、介護報酬の「安全対策体制加算」が設置されたこともあり、リ

【対象施設】
介護老人福祉施設、介護老人保健施設、介護療養型医療施設、介護医療院

【算定要件】
イ）事故発生防止に関する指針
ロ）事故内容及び再発防止策について、職員全員への掲示をはじめ、周知徹底の体制を整えること
ハ）事故防止に関する委員会や研修の定期的な実施
ニ）イからハの措置を適切に実施するため担当者の設置

【単位数】
1回20単位で、新規入所者が入所した初日に限り算定

※上記の4項目を満たしていない施設は、5単位／日の減算あり

図表1－5　安全対策体制加算とは

スクマネジメント対策を行っている（と言っている）事業者は増えています（図表1－5）。

介護報酬上の加算を算定する／しないは別にして、対象となる介護保険施設には、イ～ニの措置が義務づけられており、減算や指導監査の対象となるため、「介護事故報告書の作成」「安全介護マニュアル」「リスクマネジメント委員会（介護事故対策委員会）の設置」「リスクマネジメント担当者（介護事故担当者）の選定」といった対策は、ほぼすべての施設で行われています。

ただ、その多くは形式的・事務的なものにとどまっており、残念ながら、実際にリスクマネジメントの推進、介護事故の予防対策として意味があるかと言えば、甚だ疑問です。

いま行われている「安全対策」の課題について、整理します。

①介護事故報告書

介護事故報告書は、利用者・入所者に転倒・転落などの事故が発生した時に、その原因や状況、初期対応から家族への連絡、改善、収束までの一連の流れを整理するものです。

その目的は四つあります。

◇事故・トラブルの原因を明らかにし、同様の事故の発生を予防すること
◇事故後の初期対応が適切であったのかを検証し、事故の拡大を予防すること
◇家族・行政などに正確な情報を連絡・報告すること
◇裁判等に備え、対策から収束までの情報を一元的に管理すること

しかし、介護事故報告書を見ると、何のために書いているのか、書かせているのか、現場の介護スタッフだけでなく、管理者もわかっていないのではないかと感じるものがほとんどです。

問題は大きく分けて二つあります（図表1―6）。

一つは内容があまりに稚拙だということ。

最も多いのが、報告書ではなく「反省文」「言い訳文」です。

「Aさんが杖歩行中にバランスを崩して転倒。今度から目を離さないようにします」

これは報告書に見る常套句ですが、一人で二〇人、三〇人と介護しているのに、すべての対

内容が稚拙

- 「今度から気をつけます」といった反省文・言い訳分
- 事故の状況や、原因、初期対応、改善方法などが示されていない
- 事故から相当の時間が経過してから、報告書が出されている
- ネットやAIから借りてきたような文章が並ぶ

活用されない

- 「今度から気を付けてね」というその場だけの注意喚起・指導
- 他のスタッフは、「自分の時でなくてよかった」と他人事
- 管理者まで回覧され、そのまま綴じ込まれて誰も見ない
- 事故の状況・原因が曖昧なままで、十分に検討されていない

図表1－6　介護事故報告書の課題

象者から目を離さないなどということが本当に可能なのでしょうか。目を離さなければ転倒しないのでしょうか。

「移乗介助時にＢさんが暴れて、車椅子も動いて一緒に転落」

これも、事故が起きた状況や、どうしてＢさんが暴れたのか、なぜ車椅子が動いたのか、その時にどのような初期対応をしたのか、それをどう改善するのか、全く示されていません。

事故発生から一、二週間経過してから出される報告書も、真に迫るものは期待できません。最近では、ネットから借りてきた文章や、ＡＩが作った体裁だけが整った文章が並んでいます。「Ａさん、Ｂさんが転倒、転落しました」だけであれば、口頭報告で十分です。

もう一つは、まったく活用されていないということ。

事故報告書の目的は、事故の発生予防・拡大予防です。しかし、原因の究明や初期対応の課題を検討しないまま、「今度から気をつけてね」とその場限りのまったく意味のない注意喚起が行われ、管理者まで報告が上がり、数日申し送りされてそれで終わりです。その後は誰も覚えていません。

事務的・形式的な報告書に何の意味も効果もないことは、みんなわかっています。それだけでなく、「なぜ報告書が必要なのか」「何のために書くのか」を誰も考えなくなるため、「報告書を書くのがめんどうくさい」「仕事が増えるので書きたくない」という意識だけが蔓延します。そのうち、「怪我してないし、書かなくていいか」「ちょっとのアザくらいだし、このまま寝かせとこう」と事故の隠蔽や改竄が進んでいきます。

このような「転倒しました、気を付けます」だけの事故報告書は、重大な骨折や死亡事故が発生し裁判になった時に、「同様の事故が以前にも発生していたのに何も対策をしていない」という事業者責任不履行の証明書にしかなりません。

②安全介護マニュアル

「安全介護手順マニュアル」「初期対応マニュアル」は、介護事故対策の土台となるものです。大手の介護サービス法人、社会福祉法人では、ほとんどの事業所で整備されています。ただそれは、「あればよい」というものではありません。全スタッフに周知徹底され、実際の業務がマニュアルに基づいて行われて、初めて意味をなすものです。

しかし実際には、コンサルタントが作ったものを事務室の棚の奥にしまってあるだけで、出してくるのは指導監査のときだけ、ほとんどの人が見たことがない、新人スタッフはその存在すら知らないという事業所がほとんどです。ひどいものになると、インターネットに上がって多くの事業所にある「あるだけ介護マニュアル」

◆ 誰が作ったのかわからない、**ネットから引っ張ってきた**介護マニュアル
◆ 法人から一方的に渡された、**コンサルタントが作った**介護マニュアル
◆ 事務所のロッカーにしまってある、**誰も見たことがない**介護マニュアル
◆ 実際に行っている介護介助と**全く違うことが書いてある**介護マニュアル

某大手事業者の介護マニュアル例

（排泄介助）
◆　寝具を足元に扇だたみにし、衣服は上に折り上げ、下着を下げオムツを開いて便尿の状態を確認。清拭タオル（使い捨て）で前方から後方へとキレイに拭く（必要に応じて、シャワーボトルを利用）。側臥位にし、汚れたオムツ（尿取りパッド）を内側に巻き込み…
（歩行見守り介助）
◆　杖歩行の場合、杖の反対側（やや後方）に位置し、転倒に十分に留意をする。躓きなどの異変があれば、すぐにサポートできる体制を維持しておくこと…

図表1－7　介護マニュアルの課題

いるものをそのまま丸写ししており、現実的には不可能なものや、実際の業務内容と整合性が取れないようなものもあります。

大手の高齢者住宅事業所で、「本当にこんなことをやっているのか？」と驚いたことがあります。それを問うと「なかなかねぇ」とみんな苦笑いです（図表1－7）。

このような「あるだけ業務マニュアル」も有害です。「マニュアル通りに介助しなくてもいい」「チームケアではなく自己流の介護をすればいい」「リスクマネジメントは形だけで実態が伴っていなくてよい」と管理者、経営者が示しているのと同じだからです。

ただ、重大事故が発生して裁判になった場合、現実的に実施不可能なマニュアルであっても、事業者自らが策定したものですから、「マニュアル通りに介助が行われていない」と、それが決定的

な証拠となり、安全配慮義務違反として厳しい判断が下されることになります。

「事故対策委員会」も同じです。セミナーに参加するリスクマネジメントの担当者と話をしても、「担当者以外は何をやっているのか知らない」という何とも頼りない答えが返ってきます。「介護報酬の減算になるので、指導監査用に会議をしている」という程度です。

これとよく似ているのが防災訓練です。特養ホームや介護付有料老人ホーム、グループホームでは、年に二度の防災訓練、避難訓練が義務付けられています。そのうち一度は夜間想定の訓練が必要です。

しかし、見ていると、「今日はレクレーションの日ですか?」と思うほど、管理者も一緒にニコニコと楽しくやっています。

こういう事業所では、訓練をしてもすぐに忘れてしまいます。突然、火災報知器がけたたましく鳴り響いても、「何かあったのかなぁ」「どうせ誤報だろう」「認知症高齢者が間違って押したのかな」という程度で、スタッフはピクリともしません。「夜間に火災報知器が鳴ったらどうするか」「まず何を確認すべきか」「いま直下型の震度6の地震が起きたらどうすべきか」を誰も知らないし、自分の身に起きるはずもないと思っているのです。

これらはすべて、反リスクマネジメントと称すべきもので、意味がないというよりもむしろ逆効果なのです。ただ、これは介護現場の責任ではありません。経営者、管理者のリスクマネジメントに対する理解、認識が欠如しているからです。

4　どうして「些細な事故」でも隠蔽してはいけないのか

介護事故は、ほんの小さなミス、一瞬の隙で発生します。介護スタッフ不足に頭を悩ませている管理者は「問題を大きくしてスタッフを追い込みたくない、やめて欲しくない」と考えるでしょう。「あの家族はうるさい」「事故が多い事業者だと思われたくない」という打算が働くかもしれません。隠蔽や改竄という強い意図はなくても、「認知症なので本人の口から漏れる可能性はないし、入院につながるような大事故ではない。今度から気をつけて下さい」という口頭注意だけで簡単に済ませてしまいたい……。その気持ちはわからなくはありません。

なぜ介護事故を隠蔽してはいけないのか。それは、「隠すのはいけないことだから」という倫理的な理由からではありません。

①罪が重くなる

ある介護付有料老人ホームで、要介護2のパーキンソン病の女性が入浴中に心肺停止状態で発見されました。当初、家族に対して「一〇分程度離れた間に心肺停止、病死の可能性が高い」と説明していましたが、警察の捜査により、付き添いの介護スタッフが一時間半近く浴室を離れていたことがわかりました。

この事業所ではこれまでも、「職員が責められないように」と隠蔽や改竄をしていたのかもしれませんが、死亡事故になると警察が入りますので、隠し通すことはできません。この事件では、当該介護スタッフだけでなく、ケアマネジャー、管理者（施設長）も業務上過失致死で書類送検されています。隠蔽というのは、警察にも裁判所にも極めて心証が悪くなります。

②隠し通すことは容易ではない

家族からすれば、怪我をした場合、その状況を詳しく聞きたいと思うのは当然です。面会した時に擦り傷があったり、打撲による内出血の跡が見つかれば、「なんだろう……？」と思うでしょう。実際は「移乗時に壁に肘があたって擦りむいた」という単純な事故であったとしても、報告がなければ家族はそうは考えません。「どうしてそんな些細なことを隠していたのか」「本当はもっとひどいことが起こっているに違いない」「スタッフから虐待を受けているのではないか」と、より悪い方に想像は膨らんでいきます。

また、事実を隠そうとしたり、責任逃れの意図を持って説明しようとすると、よほどの悪人ではないかぎり、それは必ず顔や態度にでます。「事業者は不都合なことを誤魔化そうとしている」「事実を隠蔽しようとしている」と思われても仕方ありません。過失は誰にでも発生しうることですが、隠蔽やごまかしは故意、悪意によるものです。どちらが家族の心証を悪化させ、態度を硬化させるのかは明らかです。次に転倒・骨折事故が起きた時には、話し合いにさえ応じてもらえずいきなり弁護士がやってくることになります。

③組織が根元から腐っていく

隠蔽がリスクマネジメント上、最悪の結果を招くのは、それが常態化、深化するからです。家族は介護のプロではありませんし、その場にいるわけでもありません。事実と少し異なっていても証拠はありませんし、本人が認知症の場合、口裏を合わせ上手く説明すれば、誤魔化せるかもしれません。

しかし、隠蔽した、家族にウソをついたという事実は、他のスタッフも見ています。そうなれば、「言わなければわからない」「これくらいなら大丈夫」とそれぞれが勝手に判断し、管理者にも正確な情報が上がらなくなります。

そんな事業所で働くのは、介護のプロとしての尊厳に関わる大きなストレスです。優秀なスタッフは次々と退職し、残るのは隠蔽や改竄を何とも思わない、倫理観の欠けたスタッフばかりです。次第に利用者を転倒させても上司に伝えない、骨折したまま寝かせておく、嘘をつくのも隠すのも平気になっていきます。最後は手抜き介護や、暴言・暴力などの虐待へと一気に拡大、そうなるとリスクマネジメントどころの話ではありません。

隠蔽事業者の末路がどのようになるのかは、現実に発生している事件、事故を見ればわかるでしょう。些細な隠蔽から始まって、「介護業界の雄」「介護のリーディングカンパニー」と言われた大手事業者、経営者も、業界を追われているのです。

5 「普段の介護業務」＋「リスクマネジメントの業務」ではない

「リスクマネジメントの重要性はわかっている」

「リスクマネジメントの対策が不十分であることも理解している」

セミナーでも、そう答える施設長、管理者は増えています。介護看護部長、介護主任など介護現場の責任者の多くは、「このままでは介護の現場は立ち行かなくなる」と強い危機意識を持っています。ただ残念ながら、その最後に出てくるのは、「忙しすぎてリスクマネジメントの対策まで手が回らない」という後ろ向きの言葉です。これは「できない理由、やらない理由の言い訳」ではなく、現場の切迫した声です。

しかし、それが介護リスクマネジメント推進における、最大の誤解です。その誤解は大きく分けて二つあります。

①リスクマネジメントは介護現場だけの仕事ではない

特別養護老人ホームを例に、入所相談から事故の発生、収束までの流れにおいてリスクマネジメントに関わる業務を表したのが、図表1－8です。

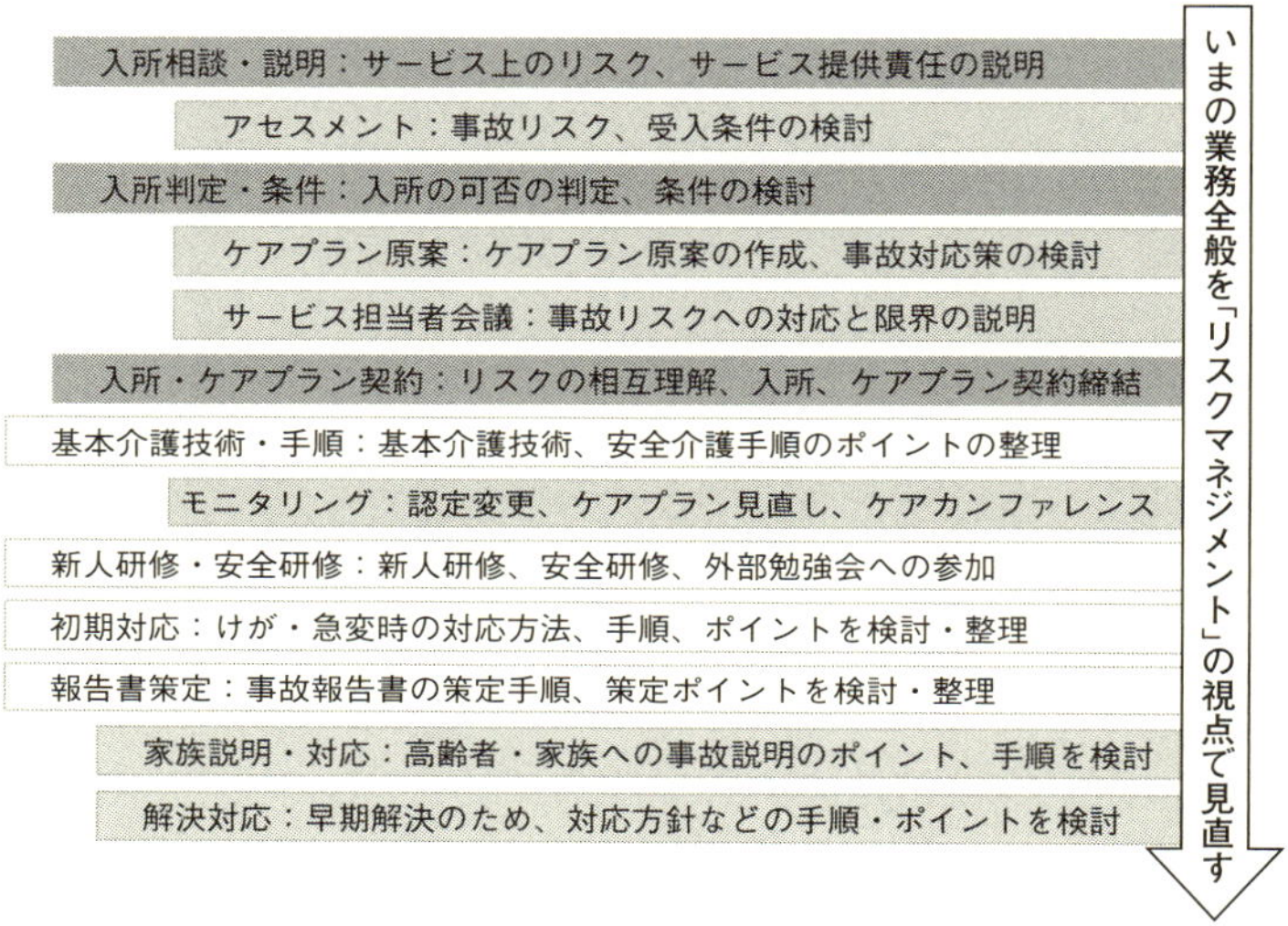

入所相談・説明：サービス上のリスク、サービス提供責任の説明

アセスメント：事故リスク、受入条件の検討

入所判定・条件：入所の可否の判定、条件の検討

ケアプラン原案：ケアプラン原案の作成、事故対応策の検討

サービス担当者会議：事故リスクへの対応と限界の説明

入所・ケアプラン契約：リスクの相互理解、入所、ケアプラン契約締結

基本介護技術・手順：基本介護技術、安全介護手順のポイントの整理

モニタリング：認定変更、ケアプラン見直し、ケアカンファレンス

新人研修・安全研修：新人研修、安全研修、外部勉強会への参加

初期対応：けが・急変時の対応方法、手順、ポイントを検討・整理

報告書策定：事故報告書の策定手順、策定ポイントを検討・整理

家族説明・対応：高齢者・家族への事故説明のポイント、手順を検討

解決対応：早期解決のため、対応方針などの手順・ポイントを検討

いまの業務全般を「リスクマネジメント」の視点で見直す

図表1－8　リスクマネジメントの実務（特養ホーム例）

大きく分けると、ポイントは四つあります。

(1) 入所相談から入所契約：生活相談員・施設長

(2) ケアプラン関連：ケアマネジャー

(3) 介護看護サービス関連：介護看護スタッフ

(4) 家族対応から収束：生活相談員・施設長

リスクマネジメントは「事故が起きないように介護看護スタッフだけが頑張る」という話ではありません。入所から収束まで、生活相談員、ケアマネジャー、管理者など全スタッフの全ての業務に関わってきます。

②「通常の業務」に「リスクマネジメントの業務」が加わるのではない

スタートは、家族に対する入所前の相談・説明です。

リスクマネジメントの基礎になるのは「リスクの相互理解」「禁止事項の説明」「家族との信頼関係の構築」です。介護のプロとして安全配慮義務を果たすことが前提ですが、スタッフの努力では避けられない事故もたくさんあります。身体拘束に対する考え方、「コロナ禍」で起きた感染症リスクについても説明が必要です。スタッフに対する執拗な抗議や暴言、暴行などは退所処分となること、タバコなどの火の取り扱いなどについても、事例を挙げて理解を求めます。

次がケアマネジメント。要介護状態、認知症高齢者のＢＴＳＤ（行動・心理症状）や医療依存度などから、想定される事故リスクや急変リスク、現在の介護看護力（キャパシティ）で対応できるものなのかも検討します。この「入所相談・説明」と「アセスメント」の情報を合わせ、介護看護サービスの責任者、施設長も加わって、入所判定委員会で検討を行います。

入所が可能だと判定すれば、ケアプラン原案の作成を行います。サービス担当者会議の中で、要介護状態から想定される生活上の事故やそれに対する対策、その限界について説明し、相互にリスクを理解・共有した上で、入所契約、ケアプラン契約の締結を行います。

介護現場では、ケアプランに基づいて、それぞれの入所者の要介護状態に合わせて介護看護サービスの提供を行います。介護知識・技術の習得とともに、マニュアルなどで連携ミス、連

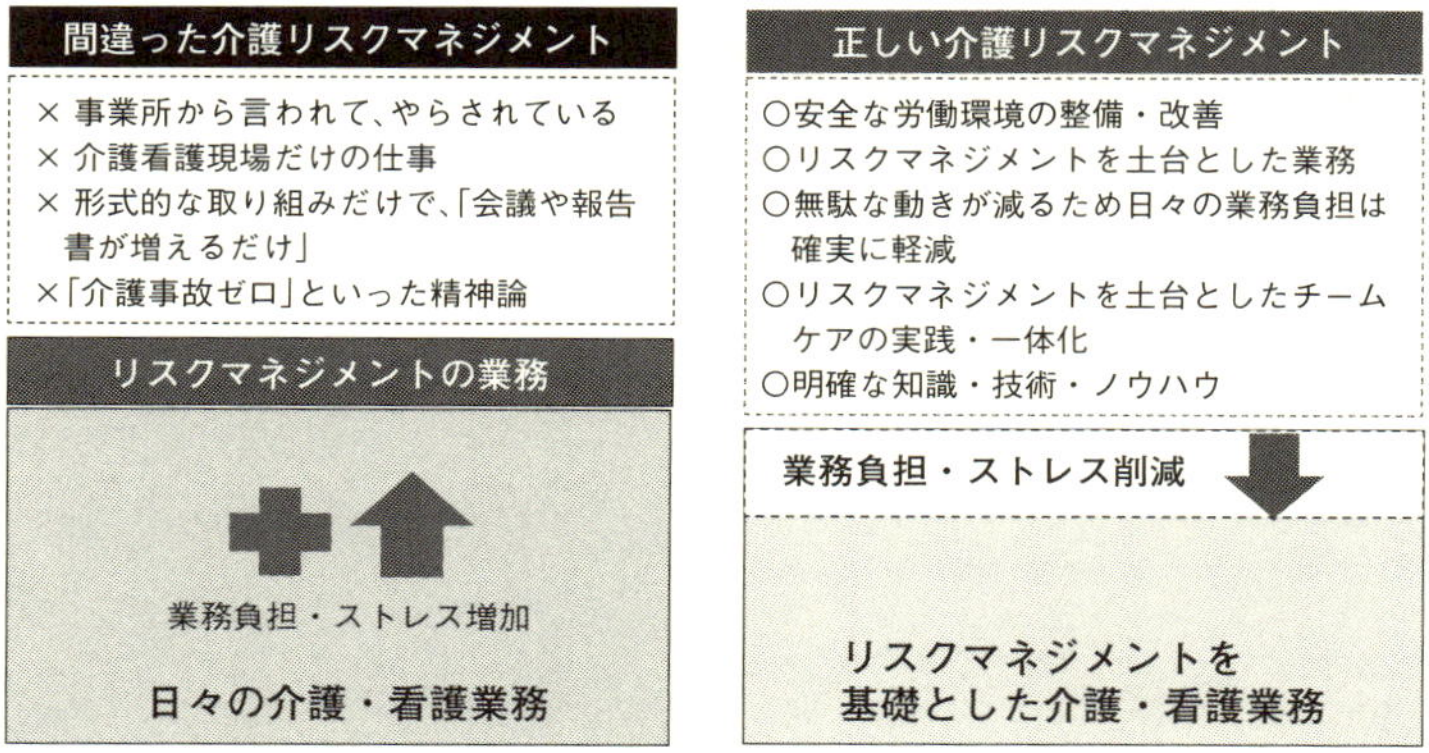
間違った介護リスクマネジメント
× 事業所から言われて、やらされている
× 介護看護現場だけの仕事
× 形式的な取り組みだけで、「会議や報告書が増えるだけ」
×「介護事故ゼロ」といった精神論
リスクマネジメントの業務
業務負担・ストレス増加
日々の介護・看護業務
正しい介護リスクマネジメント
○安全な労働環境の整備・改善
○リスクマネジメントを土台とした業務
○無駄な動きが減るため日々の業務負担は確実に軽減
○リスクマネジメントを土台としたチームケアの実践・一体化
○明確な知識・技術・ノウハウ
業務負担・ストレス削減
リスクマネジメントを基礎とした介護・看護業務

図表1−9　介護リスクマネジメントの誤解

絡ミス、不用意な介助ミスが発生しないように研修や講習を行うことも必要です。また、不幸にも事故が発生した場合には、迅速な初期対応を行い、原因を究明し、報告書の作成、事故対策の強化やケアプランの見直しを行います。

そして最後が、事故発生後の解決・収束対応です。介護現場のミスの有無にかかわらず、事故やトラブルは発生します。その時、家族に説明して早期に収束できるように対応するのは施設長の仕事です。施設長はその事業所のリスクマネジメントの責任者であり、「事故・トラブル対応のためにいる」と言っても過言ではありません。

この流れは、特養ホームだけでなく訪問系、通所系・短期入所系でも、高齢者住宅でも同じです。いまも業態にかかわらず、すべての事業所で（一応は）行っているはずです。

ただ残念ながら、多くの事業所では、リスクマネジメントの視点が欠けているのです。

例えば、入所前の説明・相談やケアマネジメントも事務的な手続きだけで、「事故リスクの相互理解」「禁止事項の説明」「家族との信頼関係の構築」ができていません。避けられない事故があることも、スタッフに対する暴言が退去要件になることも説明しないまま、「安心・快適」を謳い漫然と入所者を受け入れているため、その歪みが介護現場にかかってしまうのです。

多くの管理者や現場責任者が「忙しくてリスクマネジメントができない」と言うのは、いまの業務に加えて何か新しい対策を行うものだと考えているからですが、そうではありません。入所相談や説明、ケアマネジメント、入所判定など、いま行っているすべての業務全般を「リスクマネジメントの視点で見直す」ということです。

全スタッフが、すべての業務をリスクマネジメントの意識を持って行えば、事故やトラブルを減らせるだけでなく、全スタッフの業務負担、特に、現場で働く介護看護スタッフの精神的な負担を確実に、大幅に軽減することができます。逆を言えば、業務負担やストレス軽減に繋がらないリスクマネジメント対策は、すべて間違っているということです（図表1–9）。

6　全ての業務を「リスクマネジメントの視点」でつなぐ

もう一つ重要なのは、すべての業務をリスクマネジメントの視点でつなぐということ。

今のリスクマネジメントの「報告書」「会議」「マニュアル」などの対策が上手くいかないのは、すべてがバラバラで繋がっていないからです。

感染症対策を例に挙げてみます（図表1－10）。

一つは、日々の感染対策です。介護サービスは、身体を密着させ、尿や便など感染原因となる汚物に触れるため、介護スタッフが感染拡大を媒介することになります。それを防ぐため、排泄介助時にはプラスチック手袋をつけることや、食事介助の前には十分な手洗いや手指消毒を行います。

感染に対する講習や研修も重要です。コロナやインフルエンザなど風邪症状に似た発熱を伴う感染症以外にも、水虫や疥癬などの皮膚感染症もあります。接触感染のもの、飛沫感染、空気感染、媒体物による感染などそれぞれに特徴があります。事業所内での感染拡大の予防は、「股関節に見慣れない斑点があるぞ」「元気だったのに、急に高熱の症状がでた」「いつもと違う、変な咳をしている」と異変に早期に気付くことができるかどうかにかかっています。感染経路の理解、汚染物の取り扱いなども全スタッフで共有、徹底しなければ意味がありません。特に、ショートステイ利用者や新規利用者には注意が必要です。

感染拡大時の対策は、事前に取り決めをしておかなければなりません。

二〇二〇年から始まったコロナのパンデミックは世界中に広がり、病院だけでなく、介護現場でも大変な苦労をしました。今回のような未知のウイルスの世界的な大流行でなくても、イ

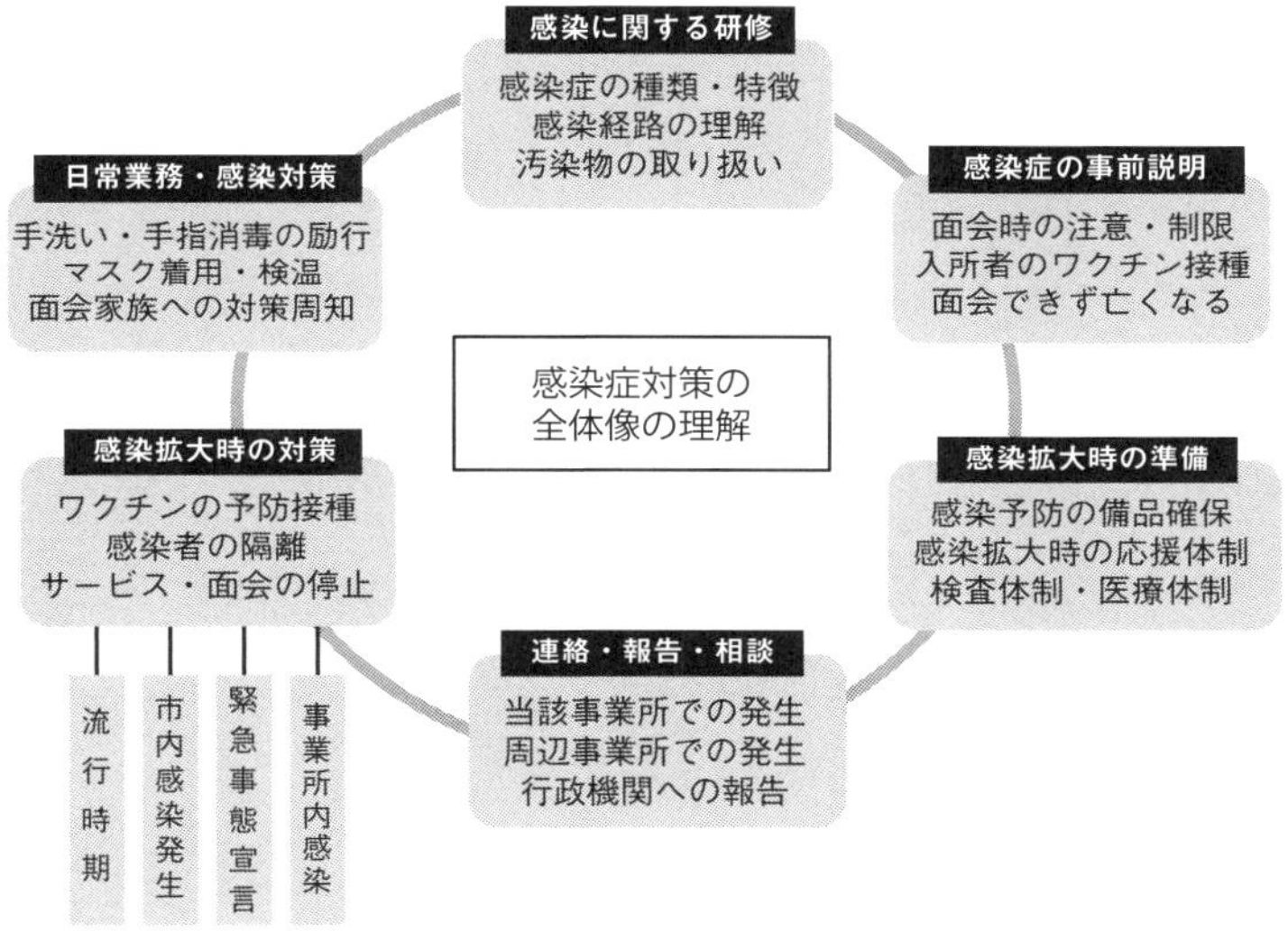

図表1－10　リスクマネジメントの視点でつなぐ（感染）

ンフルエンザは毎年流行しますし、数年に一度は大流行になって、老人ホームや高齢者住宅でもたくさんの方が亡くなります。O-157やノロウイルスもあります。流行時期の対策、市内感染が発生した時の対策、緊急事態宣言の発令、事業所内で感染者が出現した時、それぞれに対策は変わります。その時にバタバタしなくて済むように、ルール作りをします。

アフターコロナで変わったのは、感染症に関する事前説明です（図表1－11）。入所者だけでなくスタッフも感染しますから、外出などのイベントの停止、面会の注意喚起や停止、サービスの抑制などが行われ、家族が面会できないまま亡くなる可能性もあります。これからは、そ

平時の感染対策	◇発熱などの体調不良の方の御面会はお控えください ◇面会時には、うがい・手洗い・検温をお願いします （マスク着用をお願いすることもあります） ◇コートは持ち込まず、受付横のラックにおかけください
市中感染発生時	◇不要不急の面会は、お控えいただきますようお願いします ◇面会につきましては、事前予約方式とさせていただきます （施設が指定する相談室で、面会いただくことになります） ◇外出を伴うイベントを中止する可能性があります ◇入所者の方が一同に集まる屋内イベント・レクレーションを中止する可能性があります ◇感染状況においては、ワクチン接種をお願いします
緊急事態宣言発出時	◇対面での面会は、原則として中止とさせていただきます ◇事前予約方式にて、オンラインでの面会を実施いたします （面会方法・立ち入り区域の制限などを行います） ◇外出を伴うイベントは原則として中止とさせていただきます ◇入所者の方の移動制限（ユニット外への出入り）を制限させていただく可能性があります
施設感染発生時	◇対面での面会は、原則中止させていただきます ◇事前予約方式にて、オンラインでの面会を実施いたします （感染していない入所者の方に限らせていただきます） ◇全てのイベントは原則中止させていただきます ◇入所者の移動（ユニット間）を制限させていただきます ◇感染状況に応じ、居室の移動をお願いすることもあります ◇入所者の感染者への対応については、協力医療機関との連携、及び、保健所・行政機関の指示に基づいて行います ◇スタッフの感染・濃厚接触者が増加した場合、一部サービスの見直しを行う可能性があります

図表1－11　感染症の説明（例）

の可能性もリスクとして事前に説明しておかなければなりません。

感染拡大を想定して、マスクや検査キット、ガウンなどの備品確保と共に、周辺事業者との応援に関する体制整備、協力病院との連携についても検討します。

また、感染症が発生した場合は、行政（保健所など）への連絡が義務付けられています。どのような感染症のときに、どこに何を報告するのか、周辺施設で発生した場合のフィードバックはどうなっているのかについても、確認をしておきます。

感染対策は研修が重要だと言いましたが、「手洗い・手指消毒」「感染症の勉強」などの個別対策だけでなく、これら感染対策の全体像を、リスマネジメントの視点でつなぐことが必要です。「手洗いをしましょう」「汚染物は分けましょう」と言われても、全体像が見えないままだと、「手洗いが面倒だ」「汚染物だけどちょっとだけだし」と、対策がおざなりになってしまい、そこから穴が開いて細菌やウイルスが流入、拡大するからです。

リスクマネジメントは、「あれも必要」「これもやりましょう」と業務上の指示だけではなく、「日々の業務にどのように関わってくるのか」「それが自分達を守る手段だ」ということまでを意識づけすることが重要なのです。

7 「災害弱者の集合住宅」なのに防火・防災対策が遅れている

これは災害対策も同じです（図表1―12）。

高齢者、特に要介護高齢者は災害弱者です。温暖化の影響で台風被害は大きく、豪雨災害も増えていますし、あと三〇年の間に南海トラフ地震が起きる可能性は七〇％を超えています。ほとんどの要介護高齢者は火災や災害に際して、自力で逃げ出すことはできませんから、夜間に火災や地震が起きれば、多くの人が亡くなる大災害に発展します。

しかし、介護経営者の多くは、火災・災害リスクに対する感度は高くありません。レクレーションのような、おざなりの消火器訓練だけで、防災対策をしているような気になっていますが、もし、いま特養ホームや介護付有料老人ホームで火災が発生し、たくさんの入居者が逃げ遅れて亡くなれば、介護経営者（社会福祉法人の理事長含む）や施設長・管理者の多くは業務上過失致死で書類送検、有罪になるでしょう。

介護保険施設や有料老人ホームは防火対象物です。入居者が一〇名以上の場合、防火計画の作成や、資格をもった防火管理者の設置が義務付けられています。

しかし、「防火計画は？」と聞いても、施設が開設した時に作っただけで、ほとんどの人はその中身どころか存在さえも知りません。防火管理者もいない、もしくは、数年前に退職した

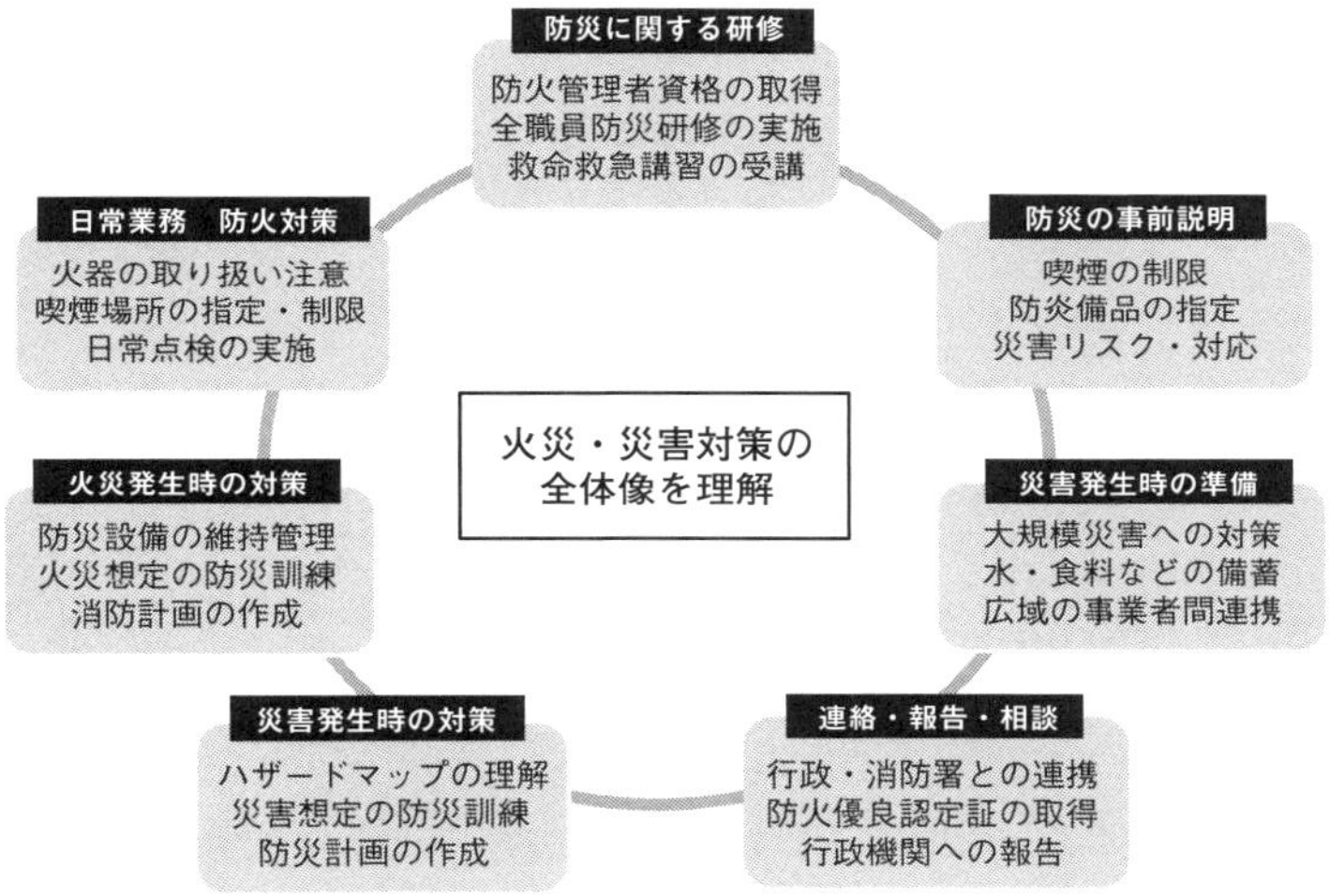

図表1－12　リスクマネジメントの視点でつなぐ（災害）

まま空席になっている。法令に定められた消防設備の点検も行われておらず、防火戸の扉の前には段ボール箱が置いてあり、警報装置が発報しても何をすればいいのかわからない。火の手が大きく上がってから大慌て、消火器の使い方もわからず、バタバタしている間に火が回って多くの入居者が亡くなる……。そんな事業所は少なくないでしょう。

グループホームで多数の入居者が亡くなった火災では、夜勤スタッフはパニックを起こして一一九番もできず、携帯電話を持ったまま、近くの交番まで走っていったそうです。この事業所では、防火対策、防火管理者の設置、消防設備の点検が全て不備で、経営者は懲役刑（執行猶予）に処せられています。

防火、防災対策で強化すべきポイントを三つ挙げます。

①防火管理者の資格取得を推進する

介護保険施設や有料老人ホームでは、防火管理者の設置が義務付けられています。法令上は一人いればよいのですが、管理者一人だけでは「防火・防災」に対する意識が全スタッフにいきわたりませんし、その人が退職すれば空席になってしまいます。

この防火管理者（甲種）の資格は、二日の研修で取得でき、一生使えるとても有用な個人資格です。三人、四人と有資格者が増えれば、防火計画、防災計画、災害備蓄にも厚みができますし、その事業所の立地や特性に合わせた実効性の高い防災訓練が計画・実施できるようになります。防災意識は、業務命令やおざなりな消防訓練だけでは育むことはできません。「防災の意識は資格取得から」です。

②防火対象物定期点検報告制度の活用

防火対象物である介護保険施設や有料老人ホームでは、消防計画が適切に整備されているか、消防設備が有効に機能しているかについて、年に一度、専門業者（防火対象物点検資格者）に点検を受け、消防長や消防署長に報告しなければなりません。

しかし、多くの事業所では「行っていない」、もしくは「点検業者にお任せ」で、まったく役立てられていません。「防火戸は機能するのか」「自動通報装置は適切に発報するのか」「避難経路に不用意なものは置かれていないか」など、専門家がプロの視点で厳しくチェックしてくれるので、立ち合えば防災実務に基づいた適切なアドバイスを受けることができます。

この管理体制が優良だと認められれば、「防火優良認定証」が受けられ、報告は年に一度から三年に一度になります。まずはこの取得を目指しましょう。

③家族に対する災害リスクの説明

火災の原因の一位はタバコです。居室内は禁煙、指定された喫煙場所以外では禁止です。「本人の居室だし、サ高住は施設ではないから……」などと言う人がいますが、それで万一火災になれば、他の入居者の生命・財産に甚大な被害を及ぼします。

また、介護保険施設では、カーテンや寝具などは事業所のものを使いますが、有料老人ホームでは、入居者からの持ち込みのものが多くなります。有料老人ホームでも、出火延焼防止の観点から、カーテンやカーペットは「防炎」のものが法的に義務付けられています。寝具については努力義務ですが、万一火災が起きた場合、一定の時間燃え広がりを防ぐことができます。これも家族・入居者に説明し、防炎・難燃を指定しなければなりません。

介護サービス事業所は三〇年、四〇年と続くものですから、その間に、火災や災害は必ず発生すると考えなければなりません。「揺れを感じたらまず自分の身を守る」「警報装置が発報すれば火元確認」「床上浸水の可能性がある時の事前準備は?」「防災設備の機能は?」「消防署には自動通報されるのか」「家族には防災対策として何を説明するか」「大規模災害時の備品や非常食の準備」「カーテン等は防炎のものを指定」など、防災対策も、全スタッフがその全体像を理解して組織的にリスクマネジメントを行わないと実効性がないのです。

特に、サ高住は有料老人ホームと対象者もサービス内容も同じなのに、防火防災基準は一般のアパート・マンションと同じという制度矛盾を抱えており、その対策は大きく遅れています。経営者の中には、「サ高住は防災基準が低いのでラッキー」と安易に考えている人がいますが、火災や災害が発生した時に経営者に求められる法的責任は同じです。

そもそも、入居者の命を軽く考えている人が運営して良い事業ではありません。

8 リスクマネジメントを推進しなければならない理由・学ぶ理由

なぜいま、リスクマネジメントを推進しなければならないのか。三つの視点から整理します。

①介護スタッフ等個人の視点

介護は専門職種であるため、介護福祉士、ケアマネジャーなどの有資格者であることが、その給与・待遇の土台になります。しかし、「無資格のスタッフと同じことしかしない・できない」ということでは、その資格手当以上の評価は得られません。

これから介護業界も、市場価値の時代に入っていきます。安定した給与、好待遇を求めるのであれば、自らの労働価値を法人内だけに求めるのではなく、介護業界内での市場価値の向上を目指して、働く必要があります。

述べてきたように、介護業界では「リスクマネジメント」の対策が大きく遅れています。言い換えれば、これからの介護業界内で最も価値が上がるのが、リスクマネジメントの知識・技術・ノウハウだということです。そのノウハウや実績のあるスタッフは、間違いなく引く手あまたになります。それがなければ、これからの介護サービス事業は成り立たないからです。

それは、給与・待遇だけではありません。リスクマネジメントの目的は、自分の身を守ること、一緒に働く仲間を守ることです。「介護の仕事はどこでやっても同じ」ではなく、働く企業、法人によって、働きやすさややりがいは全く変わってきます。営利主義の気に入らない素人経営者のもとでイヤイヤ仕事をする必要はなく、「この場所で、この仲間と一緒に働きたい」「この人達と一緒に、理想とする介護を実践したい」と自由に選ぶことができます。

②事業者の視点

介護サービス事業は、これからはじまる「地域包括ケアの導入」「医療介護制度の抜本的改

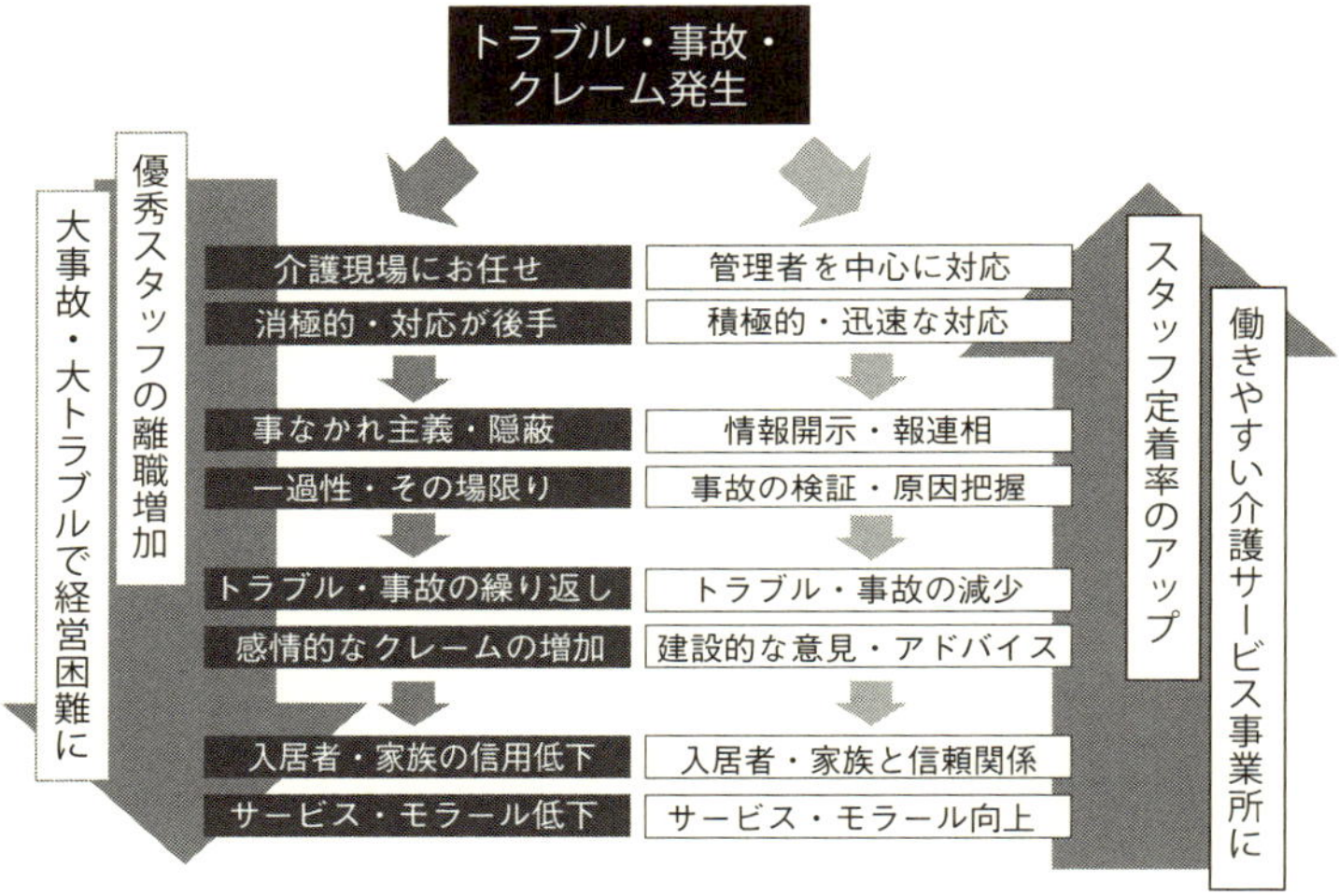

図表1－13　リスクマネジメントによる二極化

革」の中で、大変革の波にさらされることになります。民間企業だけでなく、社会福祉法人も倒産や離合集散を繰り返し、経営・サービス共に二極化していきます。その分水嶺となるものが、このリスクマネジメントの取り組みです（図表1－13）。

介護サービス事業は「安全・安心・快適」というイメージに反して、生活上の事故や家族からの苦情、クレーム、感染症、災害などの業務上のリスクの高い事業です。その対策を現場に丸投げにするような事業所からは、優秀なスタッフが次々と逃げ出します。

一方、想定される事故やクレームに対して、管理者を中心に組織的かつ積極的な対応ができれば、利用者・家族との信頼関係が醸成され、働くスタッフの意欲やモラールの向上にもつながります。そこには、どんどん優秀な人材、スタッフが集まってきます。

経営者の仕事は、現場で働く職員・スタッフが安全・安心に、プロ意識をもってその専門性を発揮できる労働環境を整えることです。「利用者さまのために」「自分のおじいさま、おばあさまだと思って」などと自己満足の美辞麗句を振りまわさなくても、ほとんどの介護スタッフは、「よい介護をしたい」「高齢者・家族の役に立ちたい」と思って介護の仕事を志しています。そういうプロのスタッフが集まる事業所にしなければ、事業の継続はできません。

③地域包括ケアの視点

リスクマネジメントは「経営管理の手法」ですから、それぞれの事業者、経営者の責任で推進すべきものです。ただ、業務上の事故やトラブル、苦情などへの対応の遅れは、介護業界全体が抱える問題でもあります。感染症対策や災害対策を含めると、実務的に事業所単位だけで対応することが難しく、地域包括ケアの中でルール作りを行わなければなりません。

さらには、第2章で述べる介護事故の裁判の判例についても、業界全体としての検討・検証が必要です。それもこれも、すべて介護現場を守るための対策が遅れているのです。

介護リスクマネジメントは、「事故報告書」「介護マニュアルの整備」「安全担当者の設置」といった事務的、手続き上の課題ではなく、「事故を減らすための対策」のような近視眼的な問題でもありません。給与・待遇以上に、介護スタッフが抱える目に見えないストレス、働きにくさを抜本的に改善しない限り、介護業界、介護の仕事に未来はないのです。

第2章

介護事故にかかる法的責任とその課題と矛盾

すべての事業には法的な責任が伴います。

建設業、製造業、運送業、サービス業、保育や医療、そして介護も同じです。事業を行うには、事故やトラブルが発生した場合、「法律的にはどうなるのか」「どこまでが事業者の責任なのか」「スタッフ個人が責任を問われることはあるのか」について正しく理解しておかなければなりません。

しかし、介護業界は、介護スタッフだけでなく、経営者や管理者でも「訴える家族が悪い」「裁判官は介護の現場をわかっていない」と恨み言をいうばかりで、正確に法的責任を理解している人はごく一部に限られます。それはバス会社の社長が「交通事故を起こしたときに、どんな責任が発生するのか知らない」と言っているのと同じです。サービスの正当性を法的に弁護士や裁判官に説明・反論する最低限の知識さえないのです。そんな経営者のもとでは、怖くてとても介護の仕事などできません。

ここでは特養ホームや高齢者住宅、デイサービスで実際に起きた介護事故を例に、介護サービス事業の法的責任とその論点、課題について考えます。

1　介護事故にかかる法的責任は三種類

まずは、交通事故の法的責任について考えてみましょう。

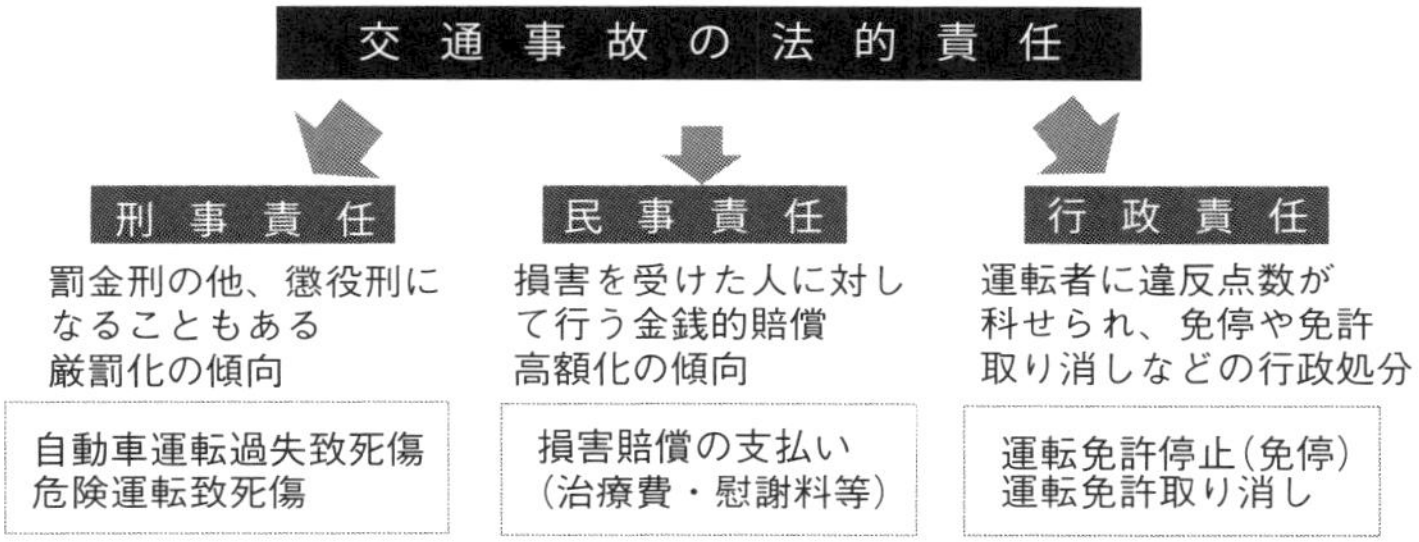

図表2－1　交通事故の法的責任

「スマートホンが鳴り、目を離した隙に前の車に追突した」
「ブレーキを踏み間違えて、横断歩道に突っ込んだ」

自動車を運転中に事故を起こし、被害者が負傷や死亡した場合、その運転者が負うべき法的責任は三つあります（図表2－1）。

一つは刑事責任です。「自動車運転過失致死傷」「道路交通法違反」「危険運転致死傷」など、犯した法律違反に対して罰を受けるというもので、罰金のほか、懲役刑になることもあります。

二つ目は民事責任。これは罰を受けるというものではなく、事故によって怪我をしたり亡くなったりと損害を受けた人（またはその家族）に対して行う金銭的賠償です。死亡や重い障害が残った場合、数千万～数億円という高額の賠償になるため、多くの人は自賠責だけでなく民間の自動車保険に加入しています。

もう一つは行政責任。運転者に対して違反点数が科せられて、一定以上になると免停や免許取り消しになります。バスやタク

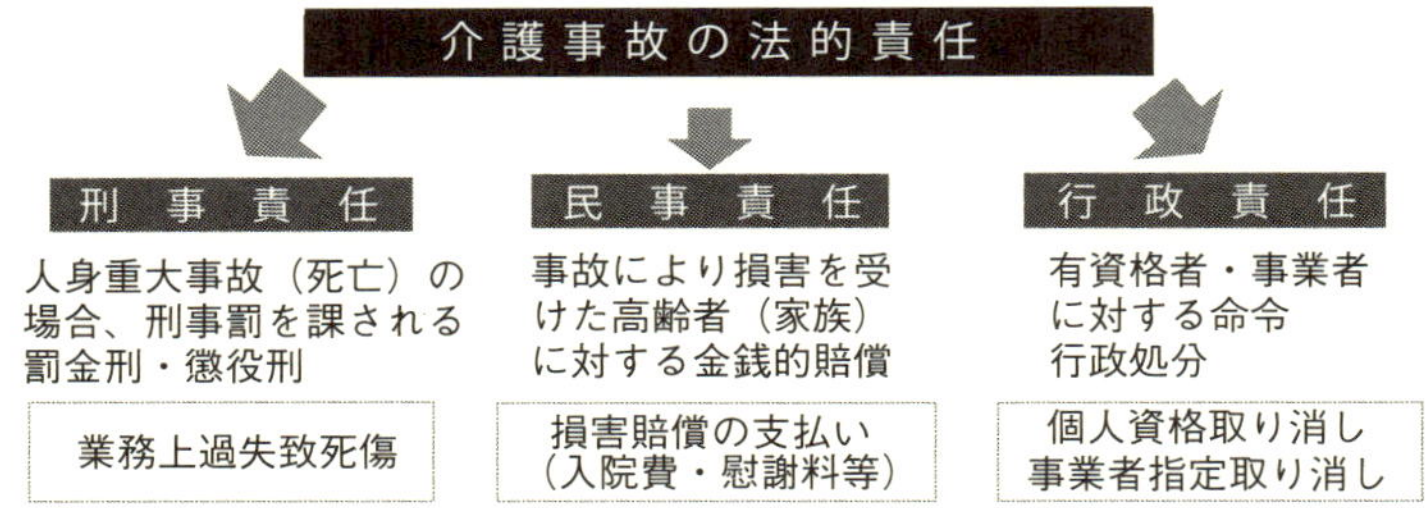

図表2−2　介護事故の法的責任

シーの場合、その事業者に対しても管轄区域単位で違反点数は累計し、車両使用停止、事業停止などの行政処分が下ります。

基本的な考え方は、介護事故も同じです。

介護サービス上のミス（過失）が原因で、利用者・入居者が骨折したり、亡くなったりした場合、介護スタッフまたはその事業者には、三つの法的責任がかかります（図表2−2）。

介護事故の刑事責任（刑事罰）

刑事責任は、犯した刑法上の法律違反に対して罰を受けるもので、罪状は業務上過失致死傷罪です。スタッフ個人が問われる責任で、罰金刑のほか懲役刑になることもあります。

「介助中に一緒に転倒、骨折をした」「車椅子をぶつけて小指を骨折させた」という場合でも、厳密に言えば業務上過失致死傷ですが、実際に刑事責任を問われるのは、

「ベッド柵の向きを反対にセットし、電動ベッドを上げた時に首が挟まって死亡」

「入浴中に、他の業務で目を離した隙に溺水、死亡」

「階段室の鍵を忘れてしまい、認知症高齢者が誤って入り、転落して死亡」など、介護スタッフの過失と事故との因果関係が明確であること、かつその対象者が亡くなるなど、結果が重大であるケースに限られます。

この刑事責任を問われるのは、事故が起きた時に介助をしていた人だけではありません。入浴中の死亡事故では、「安全な介護体制が整っていなかった」と、その日の入浴担当の介護スタッフだけでなく、ケアマネジャーや管理者も書類送検（厳重処分相当）されています。事故当日にケアマネジャーが休みであっても、施設長になってまだ一ケ月という人も、その責任を逃れることはできません。

一方、「最終的な責任は法人のトップにある」という経営者がいますが、運営法人が刑事責任を問われることはありませんし、これまで、介護事故が原因で理事長や社長が書類送検された事例もありません。

介護事故の民事責任（損害賠償）

民事責任は、事故によって損害を受けた人（またはその家族）に対して行う、治療費や入院費、慰謝料などの金銭的賠償です。介護スタッフとして働いている労働時間中の事故なので、契約不履行、使用者責任として、法人（事業者）が賠償の対象となるのが一般的です。まず、その受けた損害の金額や事業者責任の有無について当事者間同士で話し合いますが（和解）、

損害額の査定・算定

⇒　治療費や入院費など、事故によって生じた費用
⇒　骨折によって、要介護状態が重くなったときの介護費用
⇒　死亡時には「逸失利益」として受け取れるはずの年金額

事業者の過失の有無

⇒　事業者の提供するサービスに過失があったのか否か
⇒　サービスの過失が、事故（損害）の発生原因となったか否か

過失割合の算定

⇒　発生した損害に対して、被害者側にも過失はないのか
⇒　事業者側の過失と、被害者側の過失の割合はどの程度か

図表２－３　損害賠償額の算定方法

合意に至らず本人、家族が訴えた場合にのみ裁判となります。

刑事裁判は、事故を発生させた個人の過失を罰するための裁判であり、民事裁判は事故によって発生した損害を、誰がどの程度負担すべきかを決める裁判です。

損害賠償の金額は、図表２－３にあるような基準で算定されます。この損害額は、その人の年金額や年齢、残った障害の程度などによって変わりますから、「骨折事故だと五〇〇万円程度」というような、決まったものではありません。

例えば、デイサービス利用中の死亡事故により利用者・家族が被った損害額が三〇〇〇万円と査定されても、その事業者に過失がなければ、当然、損害賠償額はゼロです。逆に、すべて事業者の責任だと判断されると、そのまま三〇〇〇万円の賠償が命じられます。対して、事業者にも三割の過失があるが、

利用者側にも七割の過失があると判断される場合、三〇〇〇万円の三割、九〇〇万円の賠償が事業者に命じられることになります。

介護事故の行政責任（行政処分）

行政責任とは行政処分のことです。これは個人・法人どちらにもかかってきます。

介護事故の刑事裁判で禁固刑となったり、それに付随して介護報酬の不正請求が見つかり罰金刑になると、介護福祉士や社会福祉士、ケアマネジャーなどの国家資格や公的資格が取り消しになります。その時に「上司の指示に従っていただけだ」と言っても、公的な資格を持つ専門職種ですから、行政責任を逃れることはできません。

法人としても、重大事故の届け出をしていない、書類の改竄や隠蔽などの行為が見つかると、新規受け入れの停止や事業の指定取り消しなどの行政処分が行われることがあります。

介護サービス事業は、公的な介護保険制度を土台とする事業です。個人でも介護福祉士、ケアマネジャーという公的な資格をもとに仕事をしていますし、法人も介護保険法上の指定や社会福祉法人の認可を受けるなど、行政・制度との関わりが強くなります。それだけ行政責任は重いということです。

自動車の運転をする人ならわかると思いますが、交通ルールを守っていても、何か考えごとをしていたり、スマートホンが鳴って気になったり、寝不足で疲れていたりと些細なことで事故は発生します。違法駐車の車の陰から子供が飛び出してきたり、右折時に対向車が止まってくれたので「ありがとう」と進むと、その間からバイクが突っ込んできたりということもあります。それでも、死亡事故になると、刑事、民事、行政共に重い責任を問われます。

そのため、タクシーや観光バス、トラックなどの自動車運転にかかる事業者は、どのような場面でどのような事故が起きているのか、それを予防するために何をすべきか、事故を起こせばどのような法的責任がかかってくるのかを知っています。プロとして当たり前のことです。

サービス提供時にたくさんの事故が起きるのは、介護業界も同じです。

特養ホームや介護付有料老人ホームでも、二四時間三六五日、スタッフが付き添っているわけではありません。「ちょっと目を離した隙に……」「他のコールが鳴ったのでベッド柵を忘れた」といった些細なミス、一瞬の隙で、骨折・死亡などの重大事故が発生します。

厚労省の調べ（二〇一九年）によると、一年間に発生した特養ホームと老健施設内で起きた事故による死者数は一五〇〇人に上ります。介護付有料老人ホームやサ高住、グループホーム等での死者数は集計されていませんが、これを含めると三千人、四千人規模になるでしょう。

令和五年の一年間の交通事故死者数が二六七八人（総数）なので、高齢者施設・住宅内で転倒、誤嚥、溺水などの事故で亡くなる人の数だけでも、全国の交通事故死者数よりも多いのです。言い換えれば、自動車運転で死亡事故を起こす確率よりも介護スタッフが死亡介護事故に関わる確率の方が、はるかに高いということです。

死亡事故になれば、警察がやってきて現場検証が行われ、警察署に出頭を命じられ、取り調べを受けます。介助ミスがあり検察庁に書類送検され起訴されると、刑事被告人として裁判を受けることになります。その時になって「そんな責任の重い仕事だと思わなかった……」と泣き言をいっても、後の祭りです。

それは明日、あなたの事業所で、身の回りで起きるかもしれません。法的責任を知らずに働くことが、どれほど怖いことかわかるでしょう。

2 法的な「安全配慮義務」を意識して、日々の業務を行う

この法的責任、特に民事裁判において議論になるのが、「介護スタッフ・介護サービス事業者の責任はどこまでか」という問題です。刑事責任が問われるのは、「明らかな介助ミスによって発生した死亡事故」に限られ、行政責任（行政罰）もそれに連動しますから、この民事裁判で示されるものが、「介護事故の法的責任の範囲」と言っても良いかもしれません。

同じ介護サービスでも訪問介護の場合、その責任が問われるのは、「訪問介護時間中の事故」もしくは「訪問介護スタッフのミスが原因となって発生した事故」に限られます。

一方、介護保険施設、高齢者住宅の場合、家族は「入所・入居中に発生した事故なんだから

事業者の責任だ」と思うでしょうし、事業者からすれば、「介助中に発生していない事故まで、どうして事業者の責任になるんだ？」と反論するでしょう。

「車椅子の移乗介助中に手がすべって転落、骨折させた」など、介助ミスが明らかな場合、金額交渉だけになるため、民事裁判にまで発展することはありません。ただ、直接的な介助中の事故ではない場合に、その責任の範囲、事業者の過失の有無を巡って裁判になるのです。

ここでその判断基準とされる概念が、『安全配慮義務』です。それを定義すると、次のようになります。

介護サービス事業所、介護保険施設、高齢者住宅事業者は、その各種サービスの提供にあたっては、その利用者・入所者・入居者の生命・財産などの権利・利益を侵害せず、安全にサービスを提供する義務を負う。

これは当たり前のことです。

レストランやコンビニでも、「入り口が雨で滑りやすくなっており、お客が転倒・骨折した」という場合、安全配慮義務違反が問われることがあります。介護サービス事業の対象者は身体機能、認知機能の低下した要介護高齢者ですから、その安全配慮義務は、一般の健常者を対象としたサービスとは比較にならないほど広く、重くなります。

法律や判例を知らないまま「介助中のミスじゃないから責任はない」「自宅でも転倒・骨折するんだから老人ホームでも同じでしょ」と安易に高をくくっていると、突然、数千万円の損害賠償を請求され、慌てることになります。

国交省は、「サービス付き高齢者向け住宅は介護サービスを直接提供していないから、介護事故は無関係、その責任も負わない」と言っていますが、これも大間違いです。

床が滑って転倒するなど建物設備に関する瑕疵があれば、サ高住事業者の安全配慮義務が問われます。生活相談サービス、安否確認サービスにも法的責任はかかりますから、「安否確認が不十分で部屋で亡くなっていた」「認知症高齢者の暴力についての相談を受けていたが、適切な対応をとらず、入居者が殴られて怪我をした」という場合も、事業者の責任は問われます。

そもそも、「介護が必要になっても安心・快適」「認知症高齢者にも対応可」とセールスをしておいて、事故が起きれば「安全とは言っていない」という話が通るはずがありません。それは、「サ高住は契約上、介護サービスは無関係だから、事故が起きれば、すべての責任は現場のケアマネジャーや介護スタッフが負います」と言っているのと同じです。そんな法的責任だけを介護現場に一方的に押し付けるような事業所で働いてはいけません。

では、この法的責任の安全配慮義務はどのように判断されるのでしょうか。そこには二つのポイント、プロセスがあります。

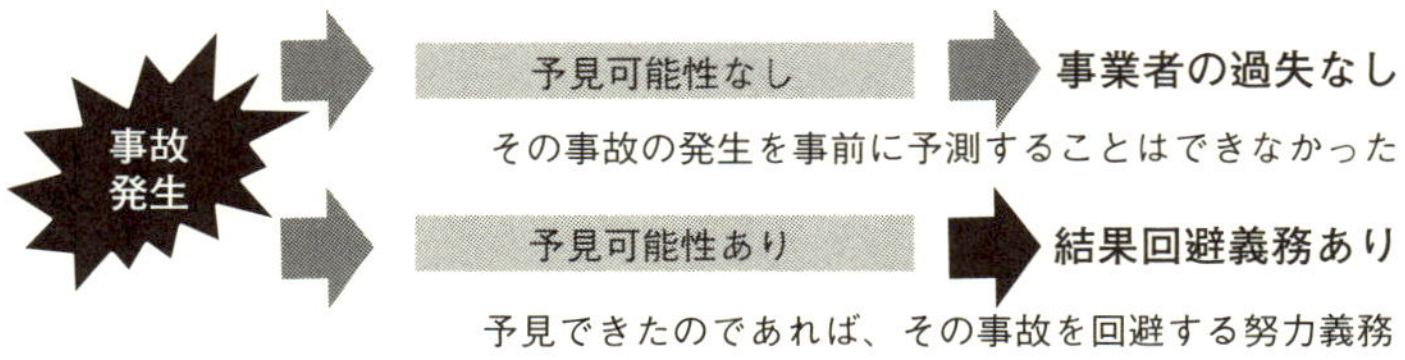

【要介護高齢者の一般特性からみた予見可能性】
- 咀嚼嚥下能力の低下によって、餅やこんにゃくなどは窒息しやすい
- 入浴中は、転倒骨折やヒートショックによる急変が多い

【他の利用者のヒヤリハットからみた予見可能性】
- 浴室入り口のバスマットにつまずいて、ふらつく高齢者がいる
- 雨の日など、玄関、入口が濡れると滑りやすくなっている

【対象となる高齢者の予見可能性】
- Aさんは、筋力低下で立ち上がり時のふらつきが顕著になっている
- Bさんは、痛み止めの処方によって転倒のリスクが高くなっている

図表2－4　安全配慮義務の予見可能性

予見可能性の有無

一つは予見可能性です。その言葉の通り、その事故は事前に予測（予見）できたものなのか否かです。

予測できないような事故に対して対策はとれません。当たり前のことです。そのため事業者の過失は問われません。しかし、その事故の発生が予測できるものなのであれば、介護のプロとして、その事故を回避するための必要な努力、対策をとらなければなりません。

要介護高齢者の事故の予見可能性は大きく分けて三つあります（図表2－4）。

一つは、要介護高齢者の一般特性からみた予見可能性です。

高齢者は、咀嚼嚥下力の低下で餅やこんにゃくなどは窒息しやすいことがわかっていますし、入浴時には、ヒートショックによる急変やふらつきを起こしやすいことも知られています。

二つ目は、過去に「事故になりそうな事例があった」というものです。「毛足の長い玄関マットにつまずく人がいる」「エントランスが雨水で滑りやすくなっている」「グレーチングのすき間に杖が挟まってしまった」などのケースが報告されていれば、転倒の予見可能性があると言えます。

もう一つは、対象となる高齢者個別の要介護状態からみた予見可能性です。

「山田さんは自立歩行だけれど、最近筋力の低下でふらつくことが増えている」

「佐藤さんは、食事中にゴホゴホとむせることが多い」

「伊藤さんは、半身麻痺で立てないのに、認知症で急に車椅子から立ち上がろうとした」

この場合、転倒や誤嚥事故の可能性が高いことがわかります。

もちろん、これらはすべて介護のプロとして、一般の人よりも高いレベルの予見可能性が求められます。転倒骨折したあとで、「山田さん最近ふらふらしてるから、危ないと思ってたのよ」と言う人がいますが、介護のプロとしては失格です。

結果回避義務

予見可能性のある事故に対しては、その事故を予防するための対策を検討・実施しなければなりません。これを「結果回避義務」と言います。しかし、実際に事故は起きてしまったので

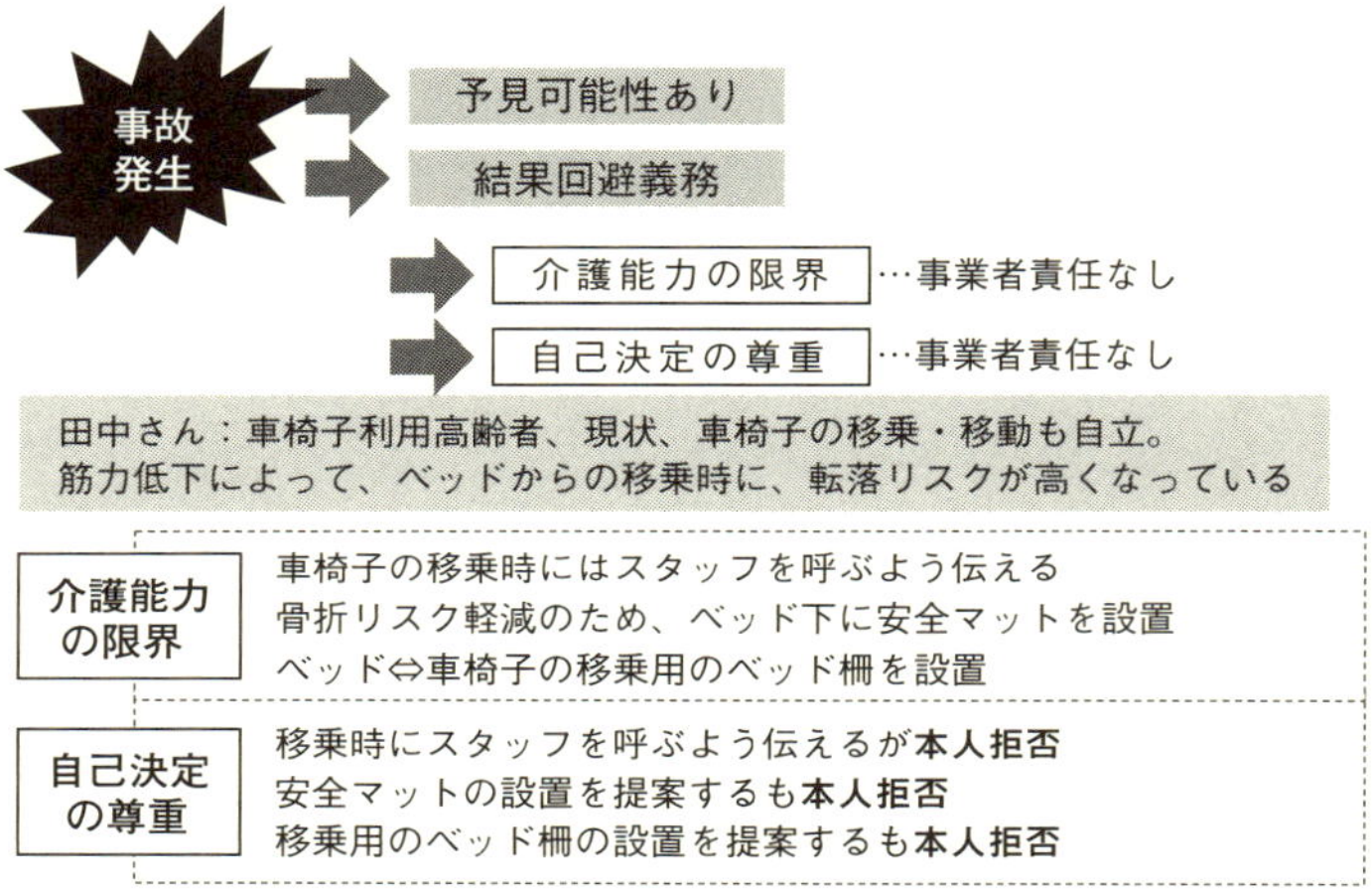
事故
発生
予見可能性あり
結果回避義務
介護能力の限界
…事業者責任なし
自己決定の尊重
…事業者責任なし
田中さん：車椅子利用高齢者、現状、車椅子の移乗・移動も自立。
筋力低下によって、ベッドからの移乗時に、転落リスクが高くなっている
介護能力の限界
車椅子の移乗時にはスタッフを呼ぶよう伝える
骨折リスク軽減のため、ベッド下に安全マットを設置
ベッド⇔車椅子の移乗用のベッド柵を設置
自己決定の尊重
移乗時にスタッフを呼ぶよう伝えるが**本人拒否**
安全マットの設置を提案するも**本人拒否**
移乗用のベッド柵の設置を提案するも**本人拒否**

図表２－５　安全配慮義務の結果回避義務

すから、その対策は実らなかった、もしくは不十分だったということになります。しかし、それだけであれば、事業所内で起きた「予見可能性のある事故」については、すべて事業者の責任ということになってしまいます。

ここで、事業者が責任を問われないためのポイントは二つあります（図表2－5）。

一つは、介護能力の限界です。

田中さんは車椅子を利用しており、現状は移乗も移動も自立しています。しかし最近、筋力の低下によって、ベッドからの移乗時にずり落ちることが多く、転落して骨折する可能性が高くなっています。「転落の予見可能性あり」という状態です。

この場合、事業者は、移乗のときにはスタッフを呼んでもらうことや、移乗用のベッド柵をつける、転倒時の衝撃吸収マットを使うなどの

検討を行います。二四時間三六五日付き添うことはできないのですから、「事業者は事故予防のために最大限の努力をした」「すべきことはすべて行っていた」と認められれば、事業者が責任を問われることはありません。

もう一つは、自己決定の尊重です。

田中さんに対して、「移乗時にはスタッフを呼ぶように伝える」「衝撃吸収マットを使うことを提案する」「移乗用のベッド柵を設置することを提案する」など、必要な対策を検討したものの、本人がこれを拒否した場合、事業者は無理強いすることはできません。その結果事故が起きたとしても、事業者に責任はありません。

法律も、実際に行っている介護業務に沿って考えれば、そう難しいものではないということがわかるでしょう。

予見可能性は、ケアマネジメントの「アセスメント」「事故リスクの検討」であり、結果回避義務はケアプラン原案で提案する「予防策の検討」です。それはサービス担当者会議やケアカンファレンスにおいて、それぞれ本人・家族に説明しているはずです。その提案された予防策に従うかどうかは、家族・本人の「自己決定の尊重」に委ねられます。介護現場でも「転倒しそうだな、危ないな」と思うと、「気分の悪いときはスタッフに声をかけてください」などと、必要な対応や声かけをしているはずです。

ただ、介護のプロであれば、それらを漫然と進めるのではなく、そのケアプラン、予防策の提案、声かけ・見守り介助は法的にどのような意味を持つのか、「安全配慮義務」を満たしているかを理解して行わなければならないのです。

3 介護裁判の判例を読む

では、実際の裁判では安全配慮義務について、どのように判断しているのでしょうか。その考え方や基準は、判例でほぼ固まっています。ここでは、リスクマネジメントを推進するにあたって理解しておくべき、予見可能性や結果回避義務を巡る重要判例について解説します。

【予見可能性】

特養ホームでの転倒事故です。

Aさんは視覚障がい者で、手すり伝いに歩行しています。その日は風邪気味のため居室内で食事をすることになり、少し待っていてもらうように説明、スタッフは他の入所者の配膳のために居室を離れたところ、一人でその居室から出て転倒・骨折したというものです。

裁判では、Aさんが介護スタッフの指示を聞かず、一人で動くことが予見できたのかが争点になりました。

特養ホームでの転倒事故（福岡高裁　平成19年1月25日）

・Aさんは、視覚障がい、意思疎通可能、手すり伝いに歩行可能
・風邪気味のため居室内で食事。椅子に座らせ、配膳を待つように説明
・スタッフは他の利用者の配膳のために25分ほどその居室を離れる
・居室から離れた食堂付近で転倒・骨折

◇視覚障がいはあるものの意思疎通可能
◇前日までスタッフの説明を聞かずに居室を離れたことはなかった
◇風邪気味ではあるが当日の生活状態も、いつもと変わりはなかった
◇スタッフの指示を無視してAさんが勝手に動くことは予見できない

原告の損害賠償の請求を棄却

図表2－6　予見可能性を巡る判例①

判決では、視覚障がいはあるものの意思疎通は可能であること、これまでスタッフの説明を聞かずに居室を離れたことはなかったこと、風邪気味ではあるが当日の生活状態もいつもと変わりなかったことなどから、Aさんが今回に限り勝手に動くことは、介護スタッフは予測できなかったとして、損害賠償請求は棄却されました。

もう一つは、これと判断が分かれた事例です。

グループホームに入所中のBさん。介護スタッフは入浴のためにBさんと一階のリビングに移動し、椅子に座ってもらい、少し待ってもらうよう説明、入浴準備のためにその場を離れました。その準備が終わり、介護スタッフがリビングに戻った時には、トイレ付近で転倒、骨折していたというものです。このBさんの事故も、先のAさんの事故と同じように見えますが、裁判所は事業所に過失があったと四〇〇万円の損害賠償を命じています。

グループホームでの転倒事故（福岡高裁　平成19年3月6日）

・Bさんはグループホーム入所中の79歳。認知症高齢者
・入浴のために一階のリビングに移動し、椅子に座らせ待つよう指示
・スタッフは浴室で入浴準備をするために、その場を離れる
・トイレ付近で転倒・骨折しているのを発見

◇認知症によりリビングへの移動で、混乱する可能性があった
◇認知症によって待機するように説明しても理解できなかったりすぐに忘れて行動することは予測可能だった
◇歩行が不安定であることから、本人が勝手に動いても、転倒などの事故が発生しないよう対策をとる必要があった

損害賠償　400万円

図表2－7　予見可能性を巡る判例②

その理由は、Bさんが認知症だったからです。判決では、一階のリビングに移動して混乱する可能性があること、また認知症によって「ここで待っているように」と説明しても理解できなかったり、いったん理解してもすぐに忘れて歩き出してしまうことは、予見が可能だったとしています。その上で、歩行が不安定であることから、本人が歩き出しても事故が発生しないように対策を講じる必要があったとしています。

このように同じ転倒・骨折事故でも、認知症の有無によって、裁判所の予見可能性の判断は分かれるということです。

【自己決定の尊重】

述べたように、予見可能性のある事故に対しては、その事故を予防するための努力をしなければなりません。ただ、介護サービス事業者が予見可能性のあ

病院での転倒事故（東京高裁　平成15年９月29日）

・Ｃさんは 72 歳女性。多発性脳梗塞により脳神経外科の病院に入院
・脳梗塞の麻痺による転倒リスクがあり、ナースコールをするよう本人伝達
・一人でトイレに行くことがあり、看護師はその都度注意、付き添いしていた
・トイレまで誘導したものの、「帰りは一人で大丈夫」と言われたので付き添いせず
・ベッド脇で転倒しているのを発見、急性硬膜下血腫により死亡

◇「帰りは一人で大丈夫」と本人の意思を看護師が容認したことから、「看護師に連絡しなくても大丈夫」と本人に誤認させたことが原因
◇一人でトイレから戻ることを容認し、付き添わなかったことに対する過失がある（「トイレが終わったらコールをしてください」と伝えるべきだった）。
◇ただし断ったＣさんにも８割の過失あり（事業者過失２割）

損害賠償　　619万円

図表２−８　自己決定の尊重を巡る判例①

る事故に対して、必要な予防策を提示したにもかかわらず、それを本人が拒否した場合、事業者は責任を問われません。これを「自己決定の尊重」といいます。

しかし、これは「本人が断ったから」という単純な話ではありません。病院で起きた転倒死亡事故の例を見てみましょう。

Ｃさんは、多発性脳梗塞により入院。麻痺や筋力低下によって転倒のリスクが高く、トイレに行くときは必ず、ナースコールをして看護師を呼ぶように指示されていました。それでも一人でトイレに行くことがあり、看護師はその都度、繰り返し注意をしていたといいます。

ある日、トイレに行きたいという訴えがあり、付き添ったものの、「帰りは一人で大丈夫」と言われ、その担当看護師は帰りの付き添いをしませんでした。その後、ベッド脇で転倒してい

るのを発見、急性硬膜下血腫で亡くなったというものです。

本人がトイレの付き添いを断ったことは、自己決定の尊重になるのか。そして、それを容認した看護師の行動に過失はなかったのかというものです。

この裁判は、一審の水戸地裁では看護師の行動に過失なしと判断されたのですが、二審の東京高裁でそれが覆り、病院側に損害賠償が命じられました。

「帰りは一人で大丈夫」と本人の意思を担当看護師が容認したことから、「看護師に連絡しなくても大丈夫」と本人に誤認させたことに過失があるとしたのです。つまり、「一人で大丈夫」と言われても、転倒リスクが高いことを十分に説明し、トイレが終われば一人で戻らずに、トイレからナースコールをしてもらうよう指示すべきだったということです。

この判例では、損害額は三一〇〇万円と算定されたのですが、断ったCさんにも八割の過失があるとして、病院側にはその二割の六一九万円の支払いが命じられました。

もう一つは、デイサービスで起きた転倒事故です。

デイサービスを利用していた杖歩行の八五歳女性Dさん。帰りの送迎の車を待っていたところ、トイレに行きたいと言われたため、スタッフが付き添ってトイレ前まで行ったのですが、「一人で大丈夫だから」とトイレ内の同行を拒否されてしまいました。Dさんはトイレ内を一人で便器まで歩いたところ転倒、大腿骨内側骨折で要介護4になったというケースです。

デイサービスでの転倒事故（横浜地裁　平成17年3月22日）

・Dさんはデイサービス利用。杖歩行可能
・利用者（女性）が帰りの送迎バスを待っている間にトイレに行きたいという
・スタッフが付き添い、歩行介助を行ったが、本人がトイレ内までの同行を断る
・通常利用している女性用トイレではなく、広い手すりのない車椅子用のトイレ
・トイレ内で滑って転倒、大腿部骨折

◇Dさんは過去に転倒歴があり、転倒の危険性が認識されていた
◇通常利用しているトイレではなく、手すりのない広い車椅子用トイレだった
◇Dさんが拒絶したからといって一人で歩かせるのではなく、転倒のリスクを十分に説明・説得して、便器まで歩くのを介助する義務がある
◇断ったDさんにも3割の過失があり（事業者過失7割）

損害賠償　1253万円

図表2-9　自己決定の尊重を巡る判例②

先ほどと同様、この裁判でポイントとなったのは、介助を断ったという「自己決定の尊重」と、介助のプロとしての「結果回避義務」の線引きはどこかという点です。

Dさんは、過去に転倒歴があり、転倒の危険性が認識されていました。また、転倒したのは、通常利用しているトイレではなく、手すりのない広い車椅子用トイレだったことなどから、転倒の予見可能性はあったとしています。その上で事業者は、Dさんが拒絶したからといって一人で歩かせるのではなく、説得して便器まで介護する義務があり、これを怠った点に義務違反があるとして事業者側の過失を認定したのです。

この判決では、断ったDさんにも過失があるとしましたが、それは三割に過ぎず、デイサービス事業者に七割の過失があるとして、一二五三万円という高額な損害賠償請求が認められました。その判決文

の一部を示します。

介護拒絶の意思が示された場合であっても、介護の専門知識を有すべき介護義務者においては、要介護者に対し、介護を受けない場合の危険性と、その危険を回避するための介護の必要性を専門的見地から意を尽くして説明し、介護を受けるよう説得すべきであり、それでもなお要介護者が真摯な介護拒絶の態度を示したというような場合でなければ、介護義務を免れることにはならないというべきである。

事業者にとっては納得しがたい、極めて厳しい判決です。介護現場で働いている介護スタッフの方であれば、言いたいことはたくさんあるでしょう。筆者（男性）も現場で介護の仕事をしていましたが、デイサービス利用の自立度の高い女性利用者が、「一人で大丈夫」と言えば、それ以上は「気を付けてね」くらいで引き下がるだろうと思います。

ただ、理解しなければならないのは、これが第三者である裁判所が示した、「安全配慮義務」の法的なラインだということです。

介護のプロとして法的なサービス提供責任を果たすためには、「一人で大丈夫」と言われても、「ふらついて転倒して骨折すると危険なので付き添いますよ」と説明・説得しなければならないのです。嫌な言い方をすると、本人がその提案を受けるかどうかは別にして、その念押

ショートステイでの転倒死亡事故（京都地裁　平成24年7月11日）

・Eさんはショートステイ利用中の81歳認知症高齢者
・脳梗塞による左上下肢麻痺、杖歩行
・夜間便意を催したためにベッドから立ち上がり数歩歩いたところで転倒
・2週間前にも転倒事故を起こしていた
・転倒の際に頭部を強打し、急性硬膜下血腫により死亡
・事業者は、移動の際にはナースコールをするように利用者には指示していた

◇Eさんは認知症高齢者
◇移動時にコールするようにという指示に従わない可能性があることは明らか
◇認知症であるため、Eさんが指示に従わなかったことによる過失はない
◇事業者は離床センサーや衝撃吸収マットの設置、監視の頻繁化などの転倒防止対策をとらなければならなかった

損害賠償　3402万円

図表2－10　介護の限界を巡る判例①

しの一言には一二五三万円の価値があるということです。

[介護能力の限界]

予見可能性のある事故に対しては、その事故を予防するための十全の努力をしなければなりませんが、実際には事業者・介護スタッフが努力をしても避けられない事故もたくさんあります。ただ、それが裁判になると、事故を予防するための努力は「介護のプロ」として十分なものだったのか否かが、厳しく問われることになります。

次に紹介するのは、高額な損害賠償が認められた事例です。

Eさんは、ショートステイ利用中の八一歳の認知症高齢者です。一人でトイレに行こうとして転倒、頭部を強打して急性硬膜下血腫で亡く

なりました。

Ｅさんはこれまで何度も転倒を繰り返しており、事故の予見可能性はありました。介護スタッフは「トイレに行くときはスタッフを呼んでください」という説明をしていましたが、認知症なのですぐに忘れてしまう可能性があり、裁判では、その指示に従わなかったことに対する過失はＥさんにはないとしました。また、事業者には離床センサーや衝撃吸収マットなどの転倒防止策をとるべきなのに、必要な安全措置をとっていないとして、損害額そのままの三四〇〇万円もの高額な賠償が認められました。


もう一つは、損害賠償請求が棄却された事例です。

ショートステイ利用中のＦさんは、明け方にベッドから転落し、頭部を強打して脳挫傷となりました。夜間徘徊のある認知症高齢者で、転倒の予見可能性は認識されていました。

前のＥさんのケースとは何が違ったのでしょうか。

図表2-12のように、原告の主張は八つあります。

ベッド柵、離床センサー、衝撃吸収マットなどの設備備品の環境整備、ケアマネジャーとの連携や介護人員の配置、徘徊防止策が十分だったのか否か、救急搬送の判断など、裁判になれば、一つひとつ粗さがしをするように細かく過失を指摘されることがわかるでしょう。

これに対して裁判所は、転落防止柵、離床センサー、センサー発報への対応、見守りの頻度、

ショートステイでの転落事（東京地裁　平成24年５月30日）

・ショートステイを利用中の認知症高齢者のＦさん
・明け方にベットから転落し、頭部打撲で脳挫傷（死亡事故ではない）
・夜間徘徊があるなど、転倒・転落のリスクは事業者も理解していた

◇Ｆさんは認知症高齢者、徘徊があるなど転倒の予見可能性がある
◇事業者はベッドの転倒防止策、離床センサーなど必要な対策をとっている
◇退所や睡眠剤の処方など、事故防止策についてケアマネジャーに相談している
◇事故後の経過観察や病院搬送についても問題はなく、適切に行っている

原告の損害賠償の請求を棄却

図表２－11　介護の限界を巡る判例②

原告側の主張

① 転落を防止するセンサーが適切に設置されていなかった
② ケアマネジャーに対して、十分な相談が行われていない
③ 事故を防止するために人員配置を厚くするべきだった
④ 体制維持を補助する手すりが設置されていない
⑤ 転落時に備え床にやわらかいものを敷くなどの対策が行われていない
⑥ 睡眠薬の処方など昼夜逆転・夜間徘徊などを防止する対策が不十分
⑦ 転落のリスクがあるならば、ベッドではなくマット・布団に寝かせるべき
⑧ 事故後、直ちに救急搬送すべきだった

原告の損害賠償の請求を棄却

① 原告（Ｆさん）のベッドには、転落防止柵が設置されていた
② 原告のベッドには、離床センサーが設置され、正常に作動していた
③ センサーが反応するたびスタッフが部屋を訪問し、臥床させるなどの対応をとっていた
④ 少なくとも２時間おきに定期巡回して、原告の動静を把握している
⑤ 担当のケアマネジャーに対して、退所や睡眠剤の処方について相談していた
⑥ ２名の介護スタッフが配置されており、職員体制に照らし不十分とは言えない
⑦ 体制維持補助の手すり設置によって事故発生が予防できたかは不明
⑧ 床にマットを敷くことで、転倒の危険性が高まるとの事業者側の説明は不合理ではない
⑨ 事故後も本人には意識があり、経過観察を行っていた
⑩ 経過観察中の午前９時55分に吐き気を訴えたため、10時10分に病院搬送している

図表２－12　介護の限界に対する裁判所の判断

原告が示した職員体制や手すり設置、危険だからと設置していなかった床マットなどにも反証を行い、事故発生後の経過観察や病院搬送など、初期対応にまで丁寧に言及して、過失がなかったと判決を下していることがわかります。判断のポイントを4つ挙げておきます。

1．事故の発生予防、拡大予防に対する対策

転落防止柵の設置、離床センサーの設置及び対応、二時間おきの定期巡回、異変時の救急搬送など、できることはすべて行っています。一つひとつの安全対策が完璧だということです。

2．ケアマネジャーに対する連携の評価

被告となった事業所は、Fさんは転倒・転落のリスクが高く、利用を受け続けることは難しいとして、ショートステイの途中退所や睡眠剤の導入などについて担当のケアマネジャーに相談しています。当該事業所で必要な対策をとると同時に、ケアマネとも連携し、転倒転落事故を何とか回避しようと努力していたことを高く評価していることがわかります。

3．介護人員配置に対する評価

「転倒・転落のリスクが高いのであれば人員配置を増やして安全を確保すべきだ」という原告側の意見に対して、当該事業所のスタッフ配置は指定基準以上のものであり、利用者との間で交わされた利用契約で示された職員体制に照らして不十分とは言えないとしています。

4．初期対応の評価

ショートステイでの入居者間トラブル（大阪高裁　平成18年８月29日）

・入居者Ｇさんは特養ホームのショートステイに入所
・他の利用者Ｈさん（認知症）に押されて転倒・顔面打撲、左足骨折
・歩行困難になるほどの後遺症で身体障害１級に認定
・Ｈさんは自分の車椅子をＧさんが使っていると錯誤、トラブルが頻発していた

・認知症高齢者のＨさんは、日ごろから暴力行為などがあった
・普段からＨさんは、Ｇさんの椅子を揺さぶるなどトラブルが続いていた
・暴力行為によって事故が起きる可能性は十分に予測できた
・被害者を他の部屋に移動させるなどの安全を確保すべきだった

損害賠償　1054万円

図表２－13　他の利用者の加害事故の判例

転倒後すぐに救急搬送すべきだったという原告の訴えに対して、転倒後は意識があったこと、適切に経過観察を行っていたこと、変化があった後はすぐに病院搬送していることなど、その介助行動は適切だったとしています。

この四つの理由によって安全配慮義務を満たしているとして、請求は棄却されているのです。素晴らしい対応だったと感心するとともに、「ここまで完璧にやらないと、事業者が過失を問われるのか……」という気もします。

［認知症高齢者の加害行為］

ここまで述べてきたのは主に転倒・転落などの事故ですが、もう一つ、重要な判例があります。それは、認知症高齢者のＢＰＳＤ（周辺症状）による加害事故で、事業者の「安全配慮義務違反」が問われた判例です。

車椅子生活のGさんは、認知症高齢者のHさんに押されて転倒し左足を骨折、後遺症によって身体障害一級となりました。Hさんは認知症の影響で、普段から暴言や暴行などがありました。特に、自分の車椅子をGさんが使っていると誤解し、トラブルが起きていました。

地方裁判所では事業者の過失は認められなかったのですが、控訴後の大阪高裁では逆転敗訴となり、一〇五四万円の支払いを命じられました。日ごろから暴力行為がありトラブルが続いていたこと、施設側は、事故が起きる可能性は十分に予測できたものの、被害者を他の部屋に移動させるなどの安全配慮義務を怠ったとしたのです。

述べたように、民事裁判は、Gさんに発生した損害を誰が負担すべきかというものです。本来であれば、暴行をしたHさんが負うべきものですが、Hさんは認知症であり、その責任を問うことができません。その結果、適切な安全配慮義務を怠ったとして、事業者が責任を負うことになったのです。

4 介護裁判の判例の問題点はどこにあるのか

ここまで、安全配慮義務を巡る民事裁判の「予見可能性」「自己決定の尊重」「介護能力の限界」「認知症高齢者の加害行為」の判例について述べてきました。

「自己決定の尊重」の判例のように、裁判所の見解を知っていれば、「本人が断っても、もう

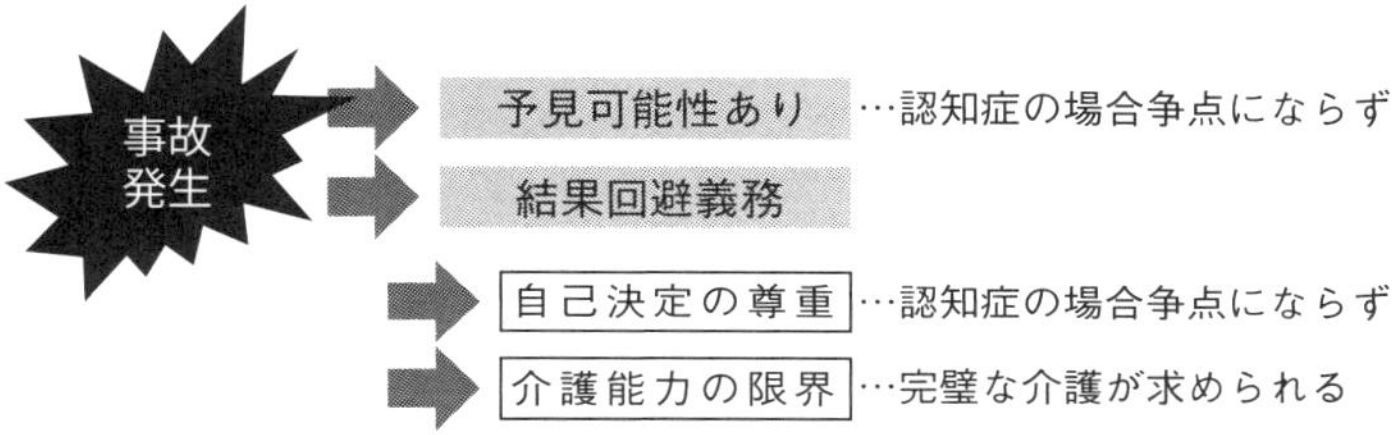

図表2－14　認知症裁判は事業者に不利

一度きちんと危険性を説明しよう」とするだけで、基準をクリアできるものもあります。ただ、事業者や介護スタッフの立場からすれば、「事業者にとって厳しすぎる」「こんな判例では、とても介護なんてできない」と憤りを感じる人が多いでしょう。

特に、「認知症高齢者の加害事故」については、裁判所は「被害者を他の部屋に移動させるべきだった」と言っていますが、認知症高齢者のＢＰＳＤによる加害行為は、突然スイッチが入って行動を起すため、いつ、どこで起きるのか、何が原因でそうなるのかわかりません。加害者を他の部屋やエリアに移せばより不穏行動が増え、そこで暴力や傷害が起きると、同じように事業者の責任が問われます。被害者を別の部屋に移して、他のショートステイの利用者が入ってきても、同様の行為がなくなるわけではありません。

この加害行為だけでなく、これら介護事故の「安全配慮義務」を巡る判例から読み取れることは、認知症高齢者の事故は事業者に極めて不利だということです（図表2－14）。

認知症高齢者の事故の場合、「予見可能性」は論点にはなりません。予測不可能な行動を起すのが認知症高齢者であり、裁判所は「予測不可能な行動を起すことは予見できた」と判断するからです。認知症高齢者には、転倒、転落、誤嚥、窒息、異食、火傷、熱傷などありとあらゆる事故の可能性があります。大腿骨を骨折していても、いきなり椅子から立ち上がって歩き出します。「予測不可能な行動を予見しろ」という、まるで禅問答のような事故への予防策が求められるということです。

同様に、自己決定の尊重も争点にはなりません。認知症高齢者は自分で判断ができないからです。「ちょっとここで待っててくださいね」という説明も意味をなしませんし、「危ないのでトイレにはついていきますよ」「今日は、ふらつくので車椅子に乗って下さい」という説得に、本人が頑強に拒否をして転倒骨折しても、それが「自己決定」とはみなされないのです。

さらに、認知症を理由に本人の責任は問えず、図表2-3（72ページ）で示した過失割合の算定はできませんから、「本人の過失はゼロ」となり、事業者に少しでも過失があれば、損害額全額の【一〇：〇】という一方的な高額賠償の判決になります。

裁判所と厚労省の考えは異なる

これらの事業所に対する厳しい判決に対して、「裁判所は介護の現場をわかっていない」という不満の声が、事業者や介護スタッフから上がっています。その気持ちはよくわかります。ただ、これは、判決を下している裁判官が悪いわけではありません。

裁判所の論理は単純です。デイサービスやショートステイなど在宅介護サービス事業の利用、

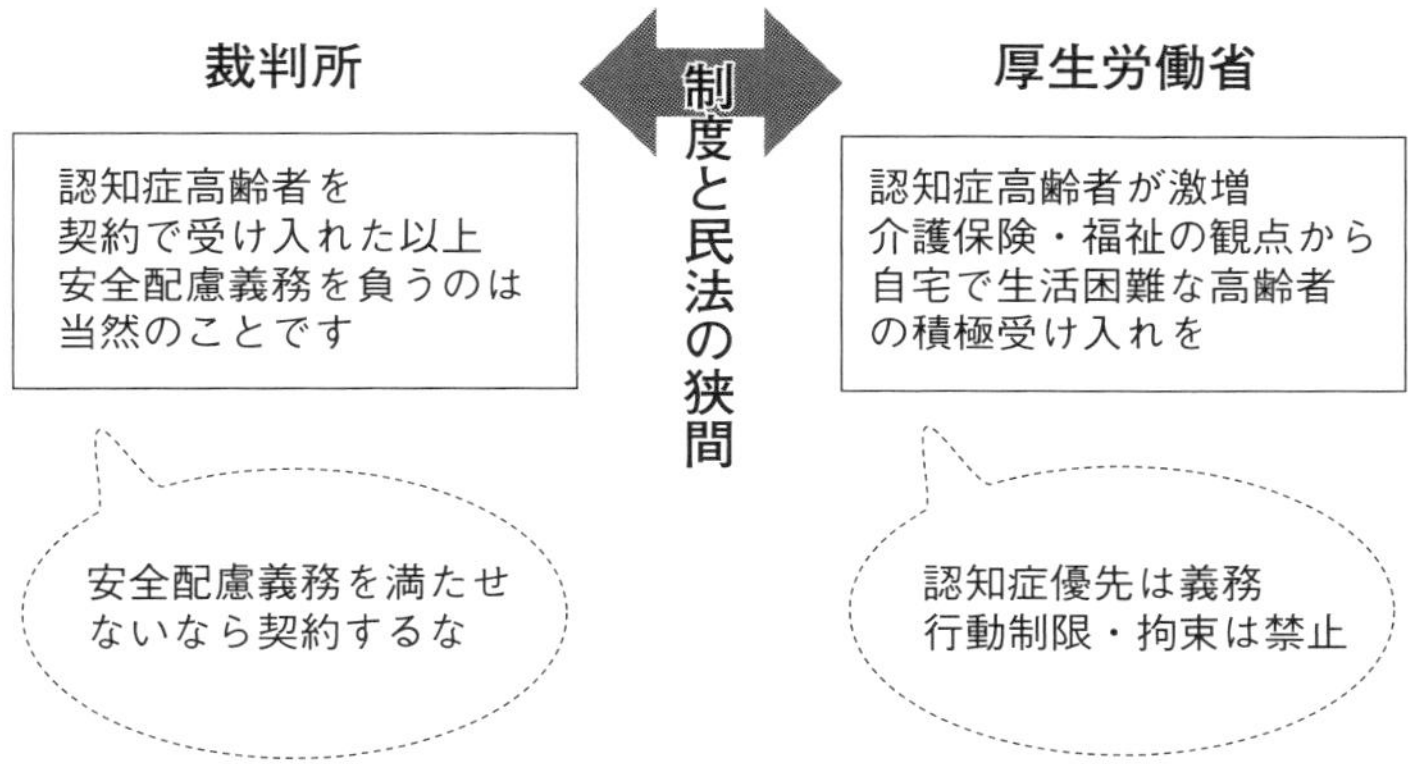
裁判所
制度と民法の狭間
厚生労働省
認知症高齢者を
契約で受け入れた以上
安全配慮義務を負うのは
当然のことです
認知症高齢者が激増
介護保険・福祉の観点から
自宅で生活困難な高齢者
の積極受け入れを
安全配慮義務を満たせ
ないなら契約するな
認知症優先は義務
行動制限・拘束は禁止

図表2－15　制度と民法の狭間で介護現場が混乱

高齢者住宅事業への入居、さらには特養ホームなどの介護保険施設への入所も、それぞれ個別事業者の契約によってサービスの提供が行われています。「事故リスクの高い認知症高齢者を受け入れた以上、それに応じた高い安全配慮義務を負うのは当然」「その安全配慮義務を満たせないのであれば、受け入れるべきではない」ということです。

これは契約・民法の大原則です。裁判所の論理の通り、「事故リスクの高い高齢者、特に、徘徊などＢＰＳＤのある認知症高齢者は受け入れない」というのが、リスクマネジメント的には最も確実な対策なのです。

しかし、一方の厚労省の考え方は違います。

民間の介護サービス事業者や高齢者住宅事業者は、自由に利用者・入居者を選定できますが、介護保険施設、特に特別養護老人ホームは、「福祉施設として自宅で生活が困難な認知症高齢者を積極的に受け入れるように」と指示されています。「事故リスクが高いので認知症高齢者は受け入れない」という判断はできませんし、だからといって、予測不可能な行動をすべて予見して事故を防ぐほどの人員配置は行われていません。

さらには、人権尊重の観点から、緊急避難的なものを除き「行動制限・身体抑制・拘束は一切禁止」とされており、立ちあがり防止の車椅子の三角ベルト、食事中の車椅子テーブルなども、監査では「身体拘束・虐待」と指摘を受けます。しかし、その指導に従って受け入れて事故が起きるとすべて事業者、スタッフの責任になります。この、契約による民法の安全配慮義務と、認知症の受け入れを求められる制度の歪みの中で、介護現場は「どう介護すればいいんだ……」と大混乱しているのです（図表2-15）。

5　裁判への対応力を強化する

介護の法的責任については、その範囲やあり方について社会的議論が必要です。現在のような、「認知症だから予見可能性あり」「認知症だから自己責任なし」「完璧な予防対策ができない限り高額賠償」という判例の中で、「事故リスクの高い認知症高齢者を受け入れろ」「行動制限、身体拘束は虐待だ」となると、介護はできません。

いま、一部の病院では、後期高齢者が入院すると、認知症の有無に関係なく「身体拘束承諾書」を求められます。そして「転倒すると危ないから」とベッドや車椅子に固定され、オムツを付けられます。その結果、二週間の入院で肝臓の数値は正常になったけれど、認知症を発症したり、寝たきりになったりというケースが多いのです。このような判例が続けば、介護の世界でも「入居契約書と身体拘束承諾書がセット」になるかもしれません。でも、そんな生活や介護は誰も望まないでしょう。

だからといって、「自宅でも転倒するんだから仕方ないだろう」「文句を言うなら家族が自宅で介護しろ」という乱暴な話でもありません。それでは、介護のプロとして失格です。

事業者がこの「契約に基づく法的な安全配慮義務」を満たし、「損害賠償請求」「介護事故に関する家族とのトラブル拡大」を防ぐためにすべきことは、三つあります。

①事故リスクを土台とした入所・入居・利用契約の事前説明を行う

リスクマネジメントのポイントになるのは、「リスクの相互理解」「禁止事項の説明」「家族との信頼関係の醸成」です。介護のプロとして安全配慮義務を果たすことが前提ですが、スタッフの努力だけでは避けられない事故があることや、緊急避難を除き、事故を予防するために日常的な身体拘束、行動制限はしないということを説明しなければなりません。

この生活上の事故のリスクの説明をしないまま、「認知症でも対応可能、安心、快適」と入居を受け入れ、骨折や死亡事故が起きた後で、「避けられない事故もあるよ」と言われたら、「聞いていない、安心・快適と言っただろう！」と家族が不信感を抱くのは当然のことです。

②ケアプランは契約であることを理解する

アセスメントを通じて、想定される事故リスクを適切に把握すること。それに対する離床センサーや衝撃吸収マット、見守りなど基本的な事故の発生予防策、拡大予防策について検討すること。そして、それらの対策とその限界について、本人・家族に丁寧に説明することです。

マンツーマン介護ではないため、認知症高齢者の予測不可能な行動に伴う転倒・転落・骨折などの事故を完全に予防することは不可能です。常識的な家族であれば、説明すればわかるはずです。口頭説明だけではなく、そのことをケアプランの中に明記しなければなりません。

ケアプランは契約です。想定される生活上の事故とその予防策、及びその限界について相互理解した上で契約を交わさなければ、実際に事故が起きた時の対抗要件にはなりません。事故リスクが高い・低いにかかわらず、「絶対に事故を起こすな」「事故は全て事業者の責任だ」と言われると、利用・入所の受け入れはできません。

③入所判定委員会におけるリスクの検討

新規入居・入所・利用者の判定を行う上で、留意するポイントは二つあります。

一つは、高齢者および家族の見極めです。その高齢者・家族は事故のリスクに対して理解できているのか、入居後に信頼関係が醸成できるのかを検討します。独歩認知症など想定できない行動を起こす高齢者で転倒の可能性が高くても、家族が転倒や骨折などのリスクを理解しているのであれば、受け入れは可能です。

もう一つは、その事故リスクに対して、いまの人員体制で基本的な発生予防策、拡大予防策がとれるのかというキャパシティ（介護容量）の検討です。同じ介護付有料老人ホームでも、【三：一配置】と【二：一配置】では、対応できる要介護高齢者の安全対策のキャパシティは違います。特養ホームであっても、いまの人員で新規入所者の法的な安全配慮義務を満たす介護、事故予防対策ができないのであれば、受け入れるべきではありません。


もちろん、事前説明やケアプラン契約を丁寧に行えば、「すべての事故が免責になる」「安全配慮義務はクリアできる」というわけではありません。ただ、「通常の介護では避けられない事故もある」「その対策や説明、契約は丁寧に行っている」と抗弁してもなお、「契約責任」「予測不可能なすべての行動を予測して介護せよ」と裁判所に言われたときには、「それでは事故リスクの高い認知症高齢者は受けられないですね」と戦うべきです。

文句を言うのは、介護のプロとして、やるべきことをやってからです。

6　緊急ショートは地域包括ケアでルール作りを

判例を見てもわかるように、特養ホームやグループホーム、高齢者住宅で裁判にまで発展す

特養ホーム・高齢者住宅		緊急ショートステイ
事故リスクの事前検討・予防対策が十分にできる	事故リスクの検討・対策	アセスメント・事故リスクの事前検討・**予防対策が十分にできない**
サービス担当者会議で事故リスクの相互理解が可能	事故リスクの相互理解	サービス担当者会議で事故リスクの**相互理解が困難**
説明・面談などを通じて、信頼関係の醸成ができる	家族との信頼関係醸成	説明・面談などを通じて、**信頼関係の醸成ができない**

図表2－16　ショートステイのリスクマネジメントの課題（事業者）

るのは死亡事故が多いのですが、ショートステイの場合は、転倒、骨折事故でも大きなトラブルとなり、訴えられる可能性が高くなります。その理由は二つあります。

一つは、在宅介護の難しさです。

特養ホームや高齢者住宅の場合、骨折して入院し要介護状態が重くなったとしても、その老人ホームに帰って引き続き介護を受けられます。しかし、ショートステイの場合、骨折すると要介護状態が大きく変わるため、在宅介護が困難となり、身体的・金銭的負担も一気に重くなります。そのため家族が感情的になってしまうのです。

もう一つは、事故の予防対策の検討や、家族との信頼関係の醸成の難しさです（図表2－16）。

事故の予防対策の基本は、予見される生活上の事故やその対策を検討することです。しかし、初回利用のショートステイの場合、在宅担当のケアマネジャーからの聞き取りだけでは、要介護状態を正確に把握できません。特に認知症高齢者は、生活環境が変わることで、突然不穏になったり、幻覚などの周辺症状が発生することもあります。

家族との信頼関係の醸成も同じです。特に、同居家族の入院などの緊急ショートの場合、一度も家族と顔を合わさず、その要介護状態の把握もリスクの相互理解も不十分なまま受け入れることになるため、事業者にとって極めてリスクが高いのです。

この緊急ショートと同様に難しいのが、家族から介護虐待を受けているなど、緊急避難的な対応が必要となる高齢者の「措置入所」です。その場合、「家族との信頼関係の醸成」「事故リスクの共有」など全くできません。でも、転倒・骨折などの重大事故が起きると、その責任は事業者が負うことになります。

「認知症（ＢＰＳＤ）など難しいケースを受けても、現場が大変なだけ」

「家族には気の毒だとは思うけど、現場に負担を負わせることはできない」

「難しいケースを受ける事業者だけがリスクを背負うのはおかしい」

そう考え始めている特養ホームの施設長、理事長は増えています。

確かに、介護現場の負担やリスクマネジメントを考えると、事故リスクの高い認知症高齢者の新規ショート、緊急ショートはできるだけ断る、介護虐待などの措置入所は受けないというのが、最も簡単で賢明な選択ということになります。

しかし、それでは社会福祉法人の存在意義はなくなります。認知症高齢者を抱える家族は、冠婚葬祭にも出かけられず、介護疲れを癒すこともできません。「事故リスクの高い認知症高齢者は、ショートもデイも受けられない、特養ホームも後回し」となると、認知症高齢者やその家族が介護保険料を支払う意味はありませんし、その地域の介護システムも崩壊します。

リスクマネジメントは各事業者で対応すべき経営課題ですが、個別の事業者だけでは対応できない地域課題、社会課題もあるのです。その検討を行うのが「地域包括ケアシステム」です。介護サービスの整備計画や各種サービスの設置運営基準、指導監査体制の構築だけでなく、リスクマネジメントに関する情報ルール、対応システムの検討も、地域包括ケアの重要なテーマの一つです。これは、「緊急ショート・措置入所におけるリスクマネジメントのルール」だけでなく、「火災・災害発生時の事業者連携・支援体制」「感染症発生時の情報共有、情報連携・支援体制・医療連携」、さらには、問題になっている「利用者・家族からのカスハラ・セクハラに対する対応ルール」なども、行政も含め地域全体で検討すべき課題です。

繰り返し述べているように、リスクマネジメント強化の主たる目的は、介護スタッフの労働環境、働きやすさの改善です。それは地域の介護システムの安定だけでなく、自治体の存続にかかわる問題でもあるのです。

第3章

リスクマネジメントのできない事業者のもとで働いてはいけない

ネットやSNSには、「介護はブラックだ」という声が溢れています。これは「営業はブラック」「運送業界はブラック」というのと同じで、個別の状況を踏まえていない印象論にすぎません。しかし、残念ながら大手事業者も含め、そう言われても仕方ない素人経営者が多いということも事実です。「介護の仕事はどこでやっても同じ」と思っている人は多いのですが、働きやすさは事業者によって全く違います。言い換えれば、介護業界ほど、働きやすさに格差がある業界はないということです。

ここでは、高齢者住宅や介護保険施設を例に、どうして「介護はブラック」と嘆く声が多いのか、リスクマネジメントができていない事業所で働く怖さについて考えます。

1　介護リスクマネジメントが大きく遅れる高齢者住宅業界

二〇二二年一〇月現在で、有料老人ホームは一万七三二七か所、サービス付き高齢者向け住宅は八三〇〇か所を超えており、定員数は合わせて一〇〇万人に近づいています。

このような民間の高齢者住宅が一気に増えたのは、介護保険制度がスタートした二〇〇〇年以後です。それまで、自宅で生活できない高齢者が入所、生活するのは軽費老人ホーム、養護老人ホームなど老人福祉施設が中心でした。民間の高齢者住宅と呼べるのは、自立度の高い富裕層が悠々自適な生活をするための高級有料老人ホームのみ、全国で三〇〇か所程度でしたので、この二五年で八五倍に激増したことになります。

「高齢者住宅は、超高齢社会で成長確実な将来性の高い事業だ」

「サ高住は補助金や税制優遇のある、国のお墨付きの事業だ」

そう考えて、大手、中小、個人を含め異業種・他業種から大量に参入してきたのですが、「需要が高まる」というだけで経営が安定するほど、高齢者住宅は簡単な事業ではありません。もし、「生活相談・安否確認＋介護サービス」で、誰でもできるような不動産事業なのであれば、補助金や税制優遇がなくても、高齢化社会が叫ばれ始めた一九七〇年代から高齢者専用の賃貸住宅は増えていたはずです。しかし、二〇〇一年に高齢者専用賃貸住宅（サ高住の前身）の登録制度がスタートするまで、高齢者のみを対象とした賃貸住宅は存在しませんでした、いまでも一般の賃貸マンション・アパートは、空室があっても「高齢者お断り」です。

それは一人暮らしの高齢者の入居はトラブルが多く、居住環境や資産価値の低下に直結するからです。

高齢者は筋力や視力の低下によって転倒するリスクは大きく、骨密度や体幹バランスも低下するため、大腿骨骨折や頭部強打による脳出血の可能性も高くなります。高血圧、糖尿病などの罹患率も高く、心筋梗塞や脳梗塞による急変、突然死もあります。そのまま一週間、一ヶ月が経過し、異様な臭いで発見される孤独死も少なくありません。また入居時には生活が自立していても、認知症になると部屋が片付けられずにゴミ屋敷となったり、ゴミ出しの時間や曜日を忘れる、耳が悪く大きな音でテレビをつける、タバコの失火によるボヤ騒ぎなど、他の利用者との諍い、トラブルも増えます。しかし、日本の借地借家法では、認知症を理由に大家から退去を求めることはできません。

そのため、高齢者専用のアパートやマンションは営利事業には適さないとされ、「高齢者の住まい」は実質的に非営利の社会福祉法人が行う老人福祉施設に限定されてきたのです。

施設整備の限界から、今後も民間の高齢者住宅の需要が高まることは間違いありません。ただ、高齢者住宅を長期安定的に経営するには、なぜ今も、一般の賃貸マンションは高齢者お断りなのか、想定される事故や急変、認知症によるトラブル、本人・家族からの苦情に対応するために何に注意しなければならないのか、また、事業者の責任はどこまでか、事前にどのような説明・契約条件が必要なのかなどについて、詳細に検討しなければなりません。

しかし、実際は「需要は高まる」という過剰な期待と、「安心・快適」の美辞麗句だけで、その検討・対策はまったく進んでいないのです。介護サービス事業に詳しいベテランの社会福祉法人の理事長からは、

「介護業界のこと、認知症高齢者のこと、そのリスクをまったく知らずに、よくも次々と参入してくるよね」

「彼らのせいで、いつの間にか、穏やかだった介護業界はブラック産業にされてしまった」

というつぶやきが聞こえてきます。

言い換えれば、高齢者住宅のトラブルやリスクに目をつぶっている人、理解しようとしない人ばかりが、「需要が高い」「補助金がでる」「儲かる」と参入しているのです。

広範囲に影響・責任がおよぶ介護事業の経営破綻

二〇二四年一〇月、東京都足立区の住宅型有料老人ホームで、経営者が突然、事業を放棄し、スタッフが給与未払いで大量離職、要介護の入居者が食事も介護も受けられないまま放置されるという事態になりました。高齢者住宅が倒産し、生活支援サービスがストップすると、食事も排泄もできません。薬も飲めませんから、たちまち生命の危機に瀕することになります。

「一週間以内に退去」と言われても、要介護高齢者がほとんどですから、短期間のうちに代わりの住宅・施設を選ぶことは容易ではありません。特に、家族がいない人は、行政が支援して、緊急避難的に近隣の特養ホームなどへの特例入所を選択するしかありません。その影響は入居者・家族だけにとどまらず、地域で暮らす要介護高齢者にも波及します。

民間の事業者なので事業の継続が困難になるのは仕方ないとしても、不渡りを出して工場が閉鎖になるのとはわけが違います。しかし、当の経営者は姿を見せようとせず、給与未払いとなったスタッフにも、契約不履行の入居者・家族にも、一切説明していません。介護サービス事業、高齢者住宅事業の倒産は、金銭の問題だけにとどまらず、要介護高齢者の生活、生命の危機に直結する責任の重い仕事だという認識さえないのです。

サービスを受けられず放置された入居者が亡くなれば、経営者や管理者は業務上過失致死に問われます。突然、サービスをストップすれば、行き場のない多くの要介護高齢者は衰弱し、死亡する可能性が高いことがわかってやっているのですから、遺棄致死にも問われる重罪です。

これは雲隠れしている経営者だけの問題、責任ではありません。住宅型有料老人ホームの場合、入居契約と訪問介護や食事サービスは別契約です。行政への連絡、報告など適切な対応がとれなければ、訪問介護やケアマネ事業所などの管理者、介護サービス提供責任者などにも罪が及ぶ可能性があります。現場の介護スタッフは給与が支払われなくても、「行き場のない入居者のために」と頑張っていたのだろうと心が痛くなりますが、その善意や優しさを無責任に搾取されているだけなのです。

ただ、これは特異な例ではありません。経営の危機が叫ばれている高齢者住宅、違法行為が蔓延している高齢者住宅は、大手事業者の中にもあります。行政の目の届かない無届のものもあります。突然の事業閉鎖、サービスストップという高齢者住宅はこれから多発します。「放置され多数の入居者が亡くなっているのが見つかった」「一部は白骨化していた」といった、更に悲惨な事例も発生するのではないかと危惧されています（拙著『高齢者住宅バブルは崩壊する』花伝社、参照）。

2　スタッフ個人が背負う法的責任は同じ

有料老人ホームやサ高住で事故やトラブルが増えているのは、経営者にリスクマネジメントのノウハウがないからです。ただ、プロの経営者に替わればその事業・サービスは安定するか、金銭的な支援があれば継続できるかと言えば、それは不可能です。なぜなら、素人経営の有料老人ホーム・サ高住は、ビジネスモデルの設計や事業計画の段階で間違っているからです。

①「自立要支援向け住宅」と「要介護向け住宅」は違う商品

一言で高齢者住宅といっても、「自立要支援向け住宅」と「要介護向け住宅」は、全く違う商品です。「介護付有料老人ホームは要介護向け」「サ高住は自立要支援向け」などという人がいますが、制度名称や介護保険の適用類型という以前に建物設計が違います。

図表3-1のように、自立要支援向け住宅は一階が食堂、二階以上が居室フロアという形になっているタイプで、朝食・昼食・夕食など決められた時間に、それぞれ入居者が食堂に降りてきて食事をとります。学生寮と同じイメージです。サ高住や住宅型は、そのほとんどがこの形です。

これに対し要介護向け住宅は、居室と同じフロアに食堂が設置されているのが原則です。認知症高齢者や車椅子高齢者になると、食堂までの移動にも、たくさんの介助と時間が必要となるからです。

分離タイプの高齢者住宅では、要介護高齢者が増えてくると、早朝の介護が大混乱します。中には、車椅子利用の高齢者を毎朝三時半に起こして、食堂に下ろしたまま朝食まで数時間放置、食後もそのまま昼まで放置というところがあるようですが、そこで急変や死亡事故が起きれば、民事責任だけでなく刑事責任も厳しく問われることになります。

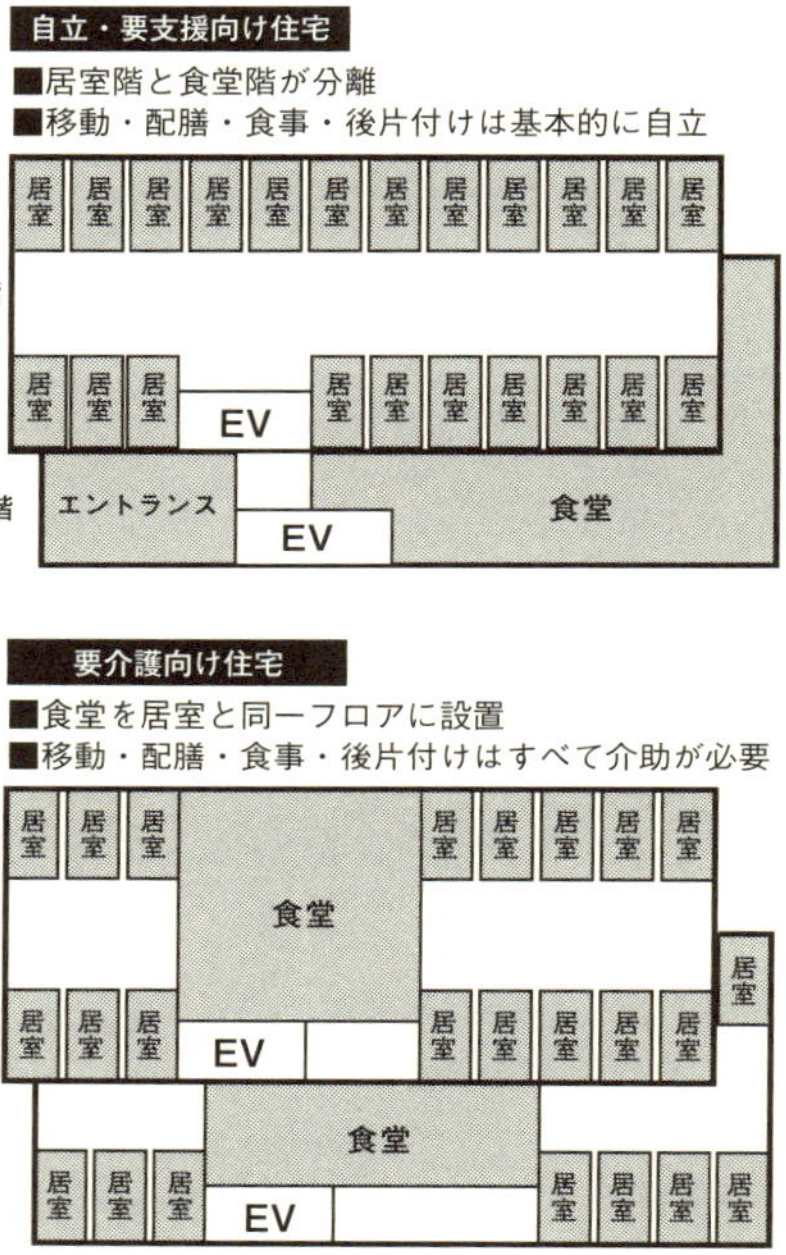

図表3－1　高齢者住宅の建物の違い

②「要介護向け住宅」しか事業・サービスは安定しない

「要介護になる前の早めの高齢者住宅入居で安心・快適」

「自立高齢者から、重度要介護高齢者、認知症高齢者まで安心・快適」

このように謳う高齢者住宅がありますが、これはビジネスモデルとしては失敗です。

一つの住宅に、自立度の高い高齢者、認知症高齢者、身体機能低下の要介護高齢者が混在すると、入居者間の諍いやトラブル、事故が増える原因になります。もしそれが可能なのであれば、老人福祉施設も、要介護状態別に「軽費老人ホーム」「養護老人ホーム」「特別養護老人ホーム」に分ける必要はないはずです。
①で述べたように、「自立向け住宅」「要介護向け住宅」は建物が違います。ただ、自立度の高い時に入居した高齢者も、加齢や病気によって身体機能が低下したり、認知症になったりします。開設時は重度要介護高齢者、認知症高齢者が一割程度であっても、数年後には三割、五割と増えていきます。その時に対応できる建物設備、介護システムになっていなければ、介護や見守りなどのサービスが行き届かず、事故やトラブルが頻発することになります。軽費老人ホームや養護老人ホームでそうならないのは、系列の特養ホームにスムーズに住み替えることができるからです。
つまり、はじめから対象を重度要介護・認知症高齢者に限定するか、もしくは、重度要介護・認知症になればその機能の整った系列の高齢者住宅・施設に住み替えてもらうというシステムをとっていない限り、高齢者住宅の経営・サービスは安定しないのです。

③商品設計・価格帯に関係なく、求められる法的責任は同じ

もう一つは、第2章で述べた法的責任です。介護保険が始まる前は、有料老人ホームと言えば、富裕層を対象とした高額の高級老人ホームというイメージが強かったのですが、最近は、介護付有料老人ホームでも入居一時金ゼロ、月額費用も二〇万円程度という中間層を対象としたところが増えています。住宅型有料老人ホームやサ高住は更に低価格で、一五万円未満というところも少なくありません。

「低価格なので、高価格帯のものとはサービスが違うのは当たり前」

それはその通りです。指定基準よりも介護スタッフを手厚くしたり、夜間にも看護スタッフを配置している介護付有料老人ホームは、それだけ高額なものとなります。

ただ、そのように言う介護経営者がわかっていないのは、骨折事故や死亡事故が起きた場合、「低価格の老人ホーム・サ高住だから」と免責になるわけではないということです。高価格帯・低価格帯にかかわらず、夜勤が二人であろうと四人であろうと、第2章で述べた、事業所や介護スタッフが負う法的責任、安全配慮義務は同じです。リスクマネジメントができていない素人経営者のもとで働くことが、どれほど怖いことなのかわかるでしょう。

3　キャパシティ（介護容量）の管理ができていない事業者の怖さ

この高齢者住宅のビジネスモデル・商品設計の失敗がなぜ起きるのかといえば、それは経営者に、自分達が提供しているサービスのキャパシティ（介護容量）という概念がないからです。

介護の現場にいると、排泄介助、食事介助、入浴介助と一日があっという間に過ぎていきます。特に大変なのは夜勤帯です。五〇～六〇人の要介護高齢者を、二、三人程度の介護スタッフで介護します。全ての入居者がぐっすりと眠ってくれると静かな夜ですが、認知症高齢者がゴソゴソと起き出して声を上げたり、転倒事故があったりすると、肉体的にも精神的にもハードな夜となります。

時間帯によって業務量は変動します。特に早朝は少ない夜勤と早出出勤のスタッフで、入居者を起こして、着替えや洗面介助、排泄介助をし、食堂までの移動、食事の準備など、様々な業務を手早く行わなければなりません。

ただ、この「介護の仕事は忙しい」というのと、「その人員で対応可能なキャパシティ（介護容量）を超えている」という状態は、全く違うものです。事故やトラブルが多発する高齢者住宅で見られるのは、後者の「キャパオーバー」です。それを示したのが、図表3-2です。

介護付有料老人ホーム（特定施設入居者生活介護）の指定基準は、要介護高齢者三人に対し

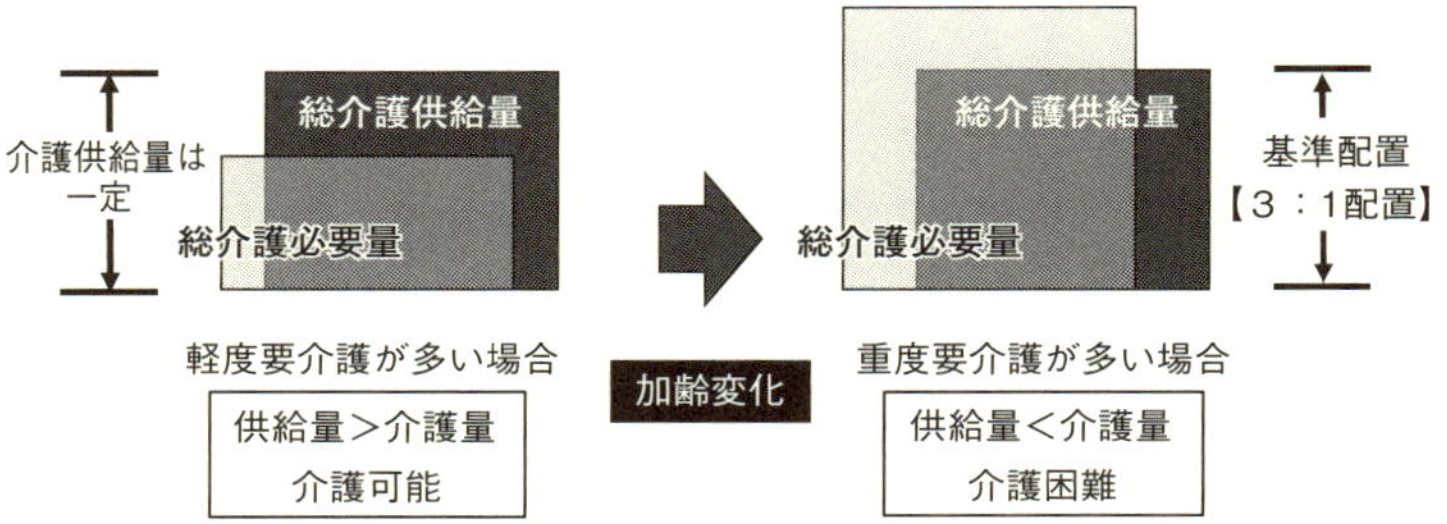

図表3－2　キャパシティ（収容力）の管理

て、介護看護スタッフ一人以上となっており、これを【三：一配置】と言います。六〇名の要介護の入居者がいれば、最低限二〇人の介護看護スタッフが必要になるということです。高齢者介護は労働集約的事業ですから、この二〇名で提供できる介護供給量は一定です。

一方、個々人の介護サービスの必要量は要介護度によって変動します。要支援、軽度要介護で入居した人も、加齢や疾病によって重度要介護や認知症になっていきます。要介護1と要介護5では、介護必要量は二倍以上違うため、重度要介護、認知症高齢者が多くなると、二〇名の介護スタッフで対応できる介護サービス量を超えてしまうのです。

知識・技能にかかわらず、一人の介護スタッフが一日に提供できるサービスには限界があります。在宅介護で言えば、一人の訪問介護員が一軒一軒の自宅を回って、一日に訪問できる人数は七～八人程度だとされています。一日八〇件の訪問をするためには、一〇名の訪問介護員が必要です。これを五人の訪問介護員で対応するとなると、「物理的に無理」ということになります。

それは介護付有料老人ホームでも同じです。「二〇名の介護スタッフで六〇名の要介護高齢者を介護する」といっても、その平均が要介護2なのか要介護3なのかによって、介護の必要量は一・五倍以上変わります。キャパを超えると、事故予防に最低限必要な介護サービスを提供することができません。「今日の夜勤は色々あって忙しかったね」という話ではなく、物理的にその夜勤の人数で対応可能な介護供給量を超えてしまっているのです。

現場感覚と事故リスクの意識がなければ介護経営は破綻する

それがよくわかるのが、入浴介助と食事介助の配置です。

入浴は、高齢者にとって楽しみの一つですが、同時に転倒や溺水などの事故や、ヒートショックによる急変の可能性が高い、危険な生活行動でもあります。足を滑らせて後ろ向きに転倒し後頭部を強打したり、身体が浮き上がって溺れるなど、死亡事故の発生率も高く、高齢者の入浴の関連死だけで、年間二万人に及ぶとされています（消費者庁資料より）。そのため、入浴介助には、「ヒートショックにならないよう事前に浴室を十分に温めておく」「自立歩行の人にもシャワーキャリーを使ってもらう」など、細心の注意を払う必要があります。

特に、最近の高齢者住宅は、大浴槽ではなく自宅と同じように一人ずつ入浴する個別浴槽のタイプが増えているため、マンツーマン介護が原則です。しかし、中には「人が足りないから」と五人の要介護高齢者を二、三人の介護スタッフが、各浴室を見回りながら入浴させているというケースがあるのです。

これは極めて危険です。もし、スタッフが離れている間に入居者がふらふら立ち上がって転倒・骨折した場合、安全配慮義務違反として事業者に高額の損害賠償が求められます。他の高齢者を介助中に溺死となると、担当していた介護スタッフは業務上過失致死の刑事罰に問われる可能性があります。「入浴介助は大変」でとどまるものではなく、常に民事責任、刑事責任を問われるレベルの介護を行っているということです。

同様に人が足りていないと感じるのが、食事介助です。

食事介助と言えば、一人では食事がとれない重度要介護高齢者の隣にスタッフが座って介助しているイメージですが、その基本は「誤嚥・窒息」への見守りです。食事も誤嚥や窒息などによって重大事故に発展する可能性が高い生活行動だからです。

「嚥下機能の低下している高齢者に、間違って普通の食事を食べさせた」という過失でなければ、誤嚥・窒息そのものに責任はありません。ただ、「窒息しているのに気付かずに、対応が遅れて亡くなった」という場合は、安全配慮義務が問われます。一〇〜一五人の要介護の利用者に対して一人で食事介助、見守りをしているケースがありますが、それでは配膳、下膳だけでなく、吐き戻しなどへの対応をしていると、誰も見守りをしていない時間帯が生じます。「気付いたときには、青ざめて呼吸をしていなかった」ということになりかねません。

どうして、このような「忙しい」を超えた、危険な介護が常態化しているのでしょうか。

それは、食事介助時に必要な人員配置は確保できるか、入浴はマンツーマン介助を維持できるかといった、介護の現場や事故リスクを全くイメージできない人が経営をしているからです。

特に、低価格の介護付有料老人ホームの多くは、指定基準の【三：一配置】ですが、平均要介護3という、重度要介護高齢者が多いことを前提に事業計画、収支計画が作成されています。平均要介護3というと、半分以上の入居者が車椅子や認知症などの重度要介護高齢者です。

それは【三：一配置】の基準配置で対応できる介護容量をはるかに超えています。しかし、要介護1、2程度の軽度要介護の人が多くなると採算が悪化します。つまり、最初からキャパシティを超える介護が前提となっている、実現不可能な事業計画なのです。

このようなキャパオーバーの高齢者住宅では、どれだけ介護スタッフが頑張っても、注意をしても、骨折や死亡などの重大事故をなくすことはできません。安全対策を土台としたケアプランを作成しても、その通りに介護できる人員が配置されていないからです。その結果、危険な介護に拍車がかかり重大事故やトラブルが多発しているのです。

加齢や疾病によって重度要介護、認知症の入居者の割合が増えていきますから、キャパオーバーは加速します。日々、限界を超えた過重労働を強いられることから無理な姿勢で介助することも多く、腰痛など身体を壊す要因にもなります。そこで死亡事故が起きれば、業務上過失致死による刑事責任も、現場の介護スタッフが背負うことになるのです。

介護のプロであれば、「こんなところで働けない」となるのは当然です。

4　不正が横行する囲い込み高齢者住宅で働く怖さ

もう一つ、高齢者住宅のビジネスモデルでいま問題になっているのが、「囲い込み」です。家賃や利用料を低価格に抑えて要介護高齢者を集め、「私たちに全てお任せ下さい」と囲い込んで、系列の訪問介護や通所介護、テナントの診療所からの訪問診療などを集中的に利用させることで、利益を上げるという手法です。それが可能なのは、介護付有料老人ホームに適用される「特定施設入居者生活介護」と住宅型やサ高住に適用される「区分支給限度額方式」の介護報酬に大きな差があるからです（図表3-3）。

図表3-3のように、要介護3では月額七万円、要介護5になると一二万円の差額になります。ケアマネジメントの報酬（居宅介護支援）なども別算定になりますから、要介護3以上では、介護付有料老人ホームよりも一人当たり毎月八万～一三万円、年間では一〇〇万～一五〇万円多く介護報酬を得られるということになります。

本来、この区分支給限度額方式は自宅で暮らす高齢者に適用される介護報酬です。一般の訪問介護の場合、一日に常勤の訪問介護員が訪問できるのは八人程度、移動時間や手待ち時間もありますから、報酬算定できるのは勤務時間の半分の四時間程度です。また、要介護3の場合、その限度額は月額二万七〇四八単位、金額にすると二七万円程度ですが、その中で訪問介護だ

特定施設入居者生活介護	
サービス管理	生活相談サービス
ケアマネジメント	介護看護サービス

	介護報酬(30日)
要介護1	16,140単位
要介護2	18,120単位
要介護3	20,220単位
要介護4	22,140単位
要介護5	24,120単位

報酬の中身

介護報酬

重くなるほど差額が大きい

区分支給限度額方式
介護看護サービスのみ

	区分支給限度額(1ヶ月)
要介護1	16,765単位
要介護2	19,705単位
要介護3	27,048単位
要介護4	30,938単位
要介護5	36,217単位

図表3－3　特定施設入居者生活介護と区分支給限度額方式

けでなく、訪問看護、通所介護やショートステイなども利用するため、介護報酬は複数の法人、事業所に分散しています。

しかし、有料老人ホームやサ高住に要介護高齢者を集めて、すべて自分たちの関連企業で丸抱えすると、移動時間も手待ち時間もないため、訪問介護員の労働時間すべて報酬算定できます。系列の訪問介護や通所介護だけを限度額一杯まで利用させることで「月額費用は安いけれど、事業者の収入は多い」「高齢者住宅の利益はでないが、系列サービスはぼろ儲け」というビジネスモデルを構築しているのです。

介護看護スタッフや入居者をほうり出して、経営者がいなくなった足立区の住宅型有料老人ホームもこのタイプです。ただ、ここでは住宅型有料老人ホームとサービスを利用させる事業者が別だったのです。住宅型有料老人ホームは入居者不足で倒産しましたが、集中的にサービス提供をしていた訪問介護や訪問看護の事業者は高い利益を上げていたはずです。そう考えると、「住宅型有料老人ホームの経営者だけが悪い」という話ではないことがわかるでしょう。

この囲い込みは、介護保険だけにとどまらず医療保険にも拡大しており、家にいるときは高血圧の内科だけだったのに、高齢者住宅に入ると、内科や精神科、眼科、歯科、整形外科など複数の診療科の受診をさせられるといいます。

つまり家賃や食費は介護付有料老人ホームよりも一〇万円安いけれど、その代わりに毎月三〇万～四〇万円、年間では四〇〇万～五〇〇万円もの医療介護費が不正に搾取されているという構図です。一般サービスにおける価格競争や収益性の向上は、業務の効率化、仕入れの工夫など企業努力によって行われるものですが、介護業界、高齢者住宅業界では、制度矛盾やグレーゾーンをいかに悪用できるかによって決まるのです。

この囲い込みは、同一・関連法人の介護・医療サービスをたくさん使わせていることが問題だと勘違いしている人が多いのですが、その不正の本質は高齢者住宅事業者の利益誘導を目的とした、第三者のケアマネジメントへの関与にあります。

介護サービスは、病気や怪我に対する医療行為と同じように、それぞれ要介護高齢者の生活希望や生活課題に合わせて提供されるものです。また住宅型有料老人ホームやサ高住では、訪問介護・通所介護サービスは入居契約とは別契約ですから、本来であれば入居者が自由に選択できるはずです。しかし、事業計画の段階で「区分支給限度額を全額使ってもらう」「系列の訪問介護・通所介護だけを使ってもらう」ことが前提になった、制度の根幹を揺るがす極めていびつなビジネスモデルになっているのです。

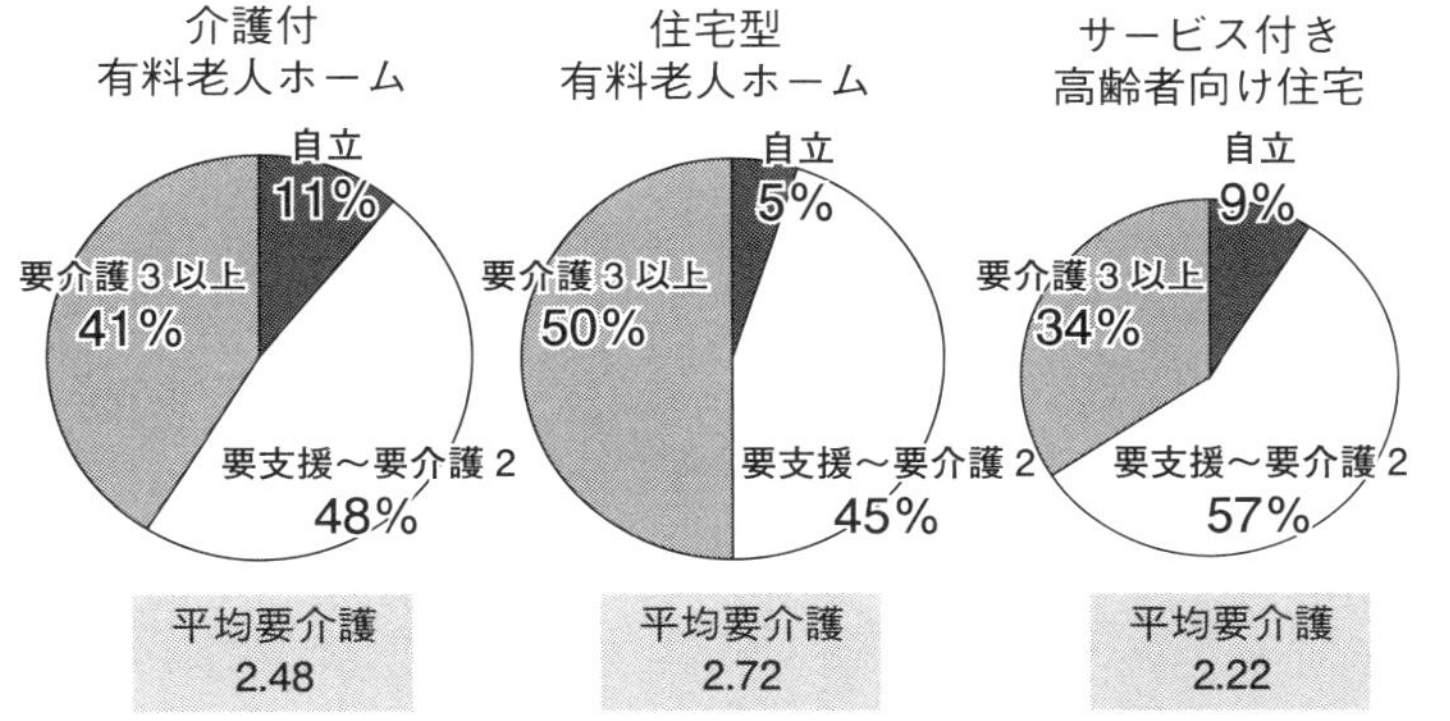

「福祉施設・高齢者住宅データベース 2019 年度版」より作成
（株式会社 TR データテクノロジー）

図表３－４　高齢者住宅別　要介護高齢者の割合

この囲い込み型高齢者住宅では、介護保険の根幹を揺るがす三つの不正が行われています。

①認定調査に関する不正

要介護認定調査は介護保険制度の根幹です。しかし、囲い込み型の高齢者住宅では介護サービスをたくさん使ってもらわないと利益がでませんから、自立あるいは要支援高齢者では困ります。また、利益差額は要介護度が重くなればなるほど大きくなるため、そうなるよう要介護状態のデータが改竄されています。

「自宅では自立だったのに、サ高住にはいるといきなり要介護２になった」

「ケアマネから、次の更新時に要介護１から要介護３に上げてもよいかと相談があった」

いまでは、介護付有料老人ホームよりも住宅型有料老人ホームの方が要介護３以上の重度要介護高齢者の割合が多く、自立・要支援向け住宅として整備されたサ高住もその三分の一は重度要介護ということになっています（図表3－4）。しかし、その実態を見ると、「食事も排泄も自立している人がどうして要介護3なの？」「この人は認知症にされているの？　それで要介護5？」という不正が、まかり通っています。

②ケアプランの不正

介護サービスは、要介護高齢者の生活課題の改善や事故リスクを予防するために提供されるものです。多くの家族は「プロのケアマネジャーさんにお任せしておけば、最適なサービスを選択提供してくれるのだろう」と思ってお任せしています。

しかし、実際は違います。

「個別のアセスメント・モニタリングがほとんど行われていない」
「訪問看護が必要なのに、併設の訪問介護しか利用させてもらえず褥瘡《じょくそう》が悪化」
「自分の部屋にいたいのに、毎日強制的に併設の通所介護に行かされる」
「毎日デイサービスだけで介護報酬が使われ、夜は排泄を失敗しても介護がない」

ほとんどの囲い込み型高齢者住宅では、要介護高齢者の生活改善ではなく、事業者の利益を主眼において介護サービスが押し付けられます。介護の専門性に対する家族の信頼を逆手にとる、極めて卑劣で悪質な行為だと言わざるを得ません。

③介護報酬の不正請求

在宅介護では、ケアプランの作成を行う居宅支援事業所と、訪問介護、訪問看護など実際に介護サービスを提供する事業者は一般的には別会社、別法人です。訪問介護事業者は、居宅支援事業所の作成したケアプランに基づいて、「Aさんの排泄介助を行いました」とサービス提供の実績表を提出し、ケアプランと照らし合わせて、適切に介護が行われたことを確認の上、介護報酬が支払われる仕組みになっています。

しかし、囲い込み型高齢者住宅では、ケアプランを作成する居宅支援事業所と訪問介護や訪問看護、通所介護などの事業者が同一法人であるため、相互チェックが働きません。

「実際には五分も介護していないけれど、三〇分の報酬を取っている」

「訪問時間の管理は誰もしておらず、臨機応変に介護している」

「サ高住で働いているけど、ケアプランなんて見たことない」

「サービスの実施報告は管理者が勝手に自分の印鑑を押して請求している」

不正に作成されたケアプランさえも、まともに実行されていないのです。

囲い込み型は、家賃や利用料を介護報酬に付け替えている、社会保障制度の矛盾をついた貧困ビジネスです。大手を含め、低価格のサ高住や住宅型有料老人ホームの多くがこの囲い込み型であり、その巨額の利益は介護スタッフや利用者に還元されることなく、創業者や投資ファンドに流れています。

この問題については当初より指摘されていました。しかし、一部の経営コンサルタントが「低価格・高利益率の高齢者住宅の事業モデル」と売り込み、これを新聞やテレビなどのマスコミが「特養ホームに代わる要介護向け住宅の最新モデル」ともてはやし、厚労省も国交省もこれを規制しなかったために、爆発的に増えてしまったのです。

この囲い込み型高齢者住宅で行われている、①〜③の不正及び不必要に提供される医療サービスだけで、搾取される金額は年間数兆円規模に上ります。全国の介護報酬の総額は約一一兆円なので、その二割程度に相当する莫大な金額です。

なぜ、このような不正がいつまでも横行しているのか、どうして監査や罰則を強化しないのかと言えば、「高齢者住宅が潰れたら困る」と市町村がまともに指導監査を行う気がなく、家族も「出て行けと言われたら困る」と文句を言えないからです。

5　介護保険の不正に慣れた介護スタッフの末路

この「囲い込み型高齢者住宅」はグレーゾーンではなく、刑法上の詐欺行為です。ただ、残念ながら、その不正に訪問介護員やケアマネジャーも慣れてしまっているのです。

その法的責任を理解しないまま、このような事業所で働いているとどうなるのか、そこでもし死亡事故が起きればどうなってしまうのでしょうか。

実際に囲い込みをやっている事業者・経営者と話をすると、異口同音に「不正行為は指示していない」と否定します。「ケアマネや介護福祉士は介護の専門家なんだから、現場で考える問題だ」「自分は知らない、現場スタッフに任せてある」と責任転嫁をします。そして不正がニュースになると「介護現場に任せていた。サービス管理体制をきちんと見直したい」とあくまでケアマネジャーや介護スタッフ個人の不正だとアピールします。

酷い話だと思うかもしれませんが、それは当然です。

そもそも、サ高住や住宅型有料老人ホームなどの高齢者住宅と、居宅介護支援事業所（ケアマネ）、訪問介護、通所介護は別契約です。その多くは別法人になっています。また、高齢者住宅の経営者の大半は、介護の経験などない無資格であり、認定調査の改ざんも介護報酬の不正請求も無関係です。ケアプランなど見たこともないでしょう。

「経営者の指示で組織的にやっていた」と言っても、それを黙認していたのは、介護福祉士や初任者研修を受けた訪問介護員、ケアマネジャーです。有資格者ですから、「知らなかった」「不正だと思わなかった」という言い訳は通じません。

それは、医師が、医療のことを何も知らない第三者の指示に従って疾病の診断、病状の度合い、治療方針を変更するのと全く同じことです。

「軽度の胃潰瘍だけれど、胃がんの恐れが高いということにしろ」

「本人にあった薬ではなく、一番利益率の高い薬を処方しろ」
「投薬で十分に治癒が可能だけれど、保険点数の高い開腹手術をしろ」
「胃がんのステージⅠだけれど、ステージⅢということにしろ」

こんなことを医師ではない第三者に言われ、それに従う医師がいるとすれば、明らかな医師法違反です。もしそれが発覚すれば、保険医の指定は取り消されることになりますし、それで病状が悪化して亡くなれば、重過失の業務上過失致死で医師免許は取り消されます。

同様に、ケアマネジメント、介護サービスでも、不正が発覚すれば、資格停止・資格はく奪だけでなく、個人で数千万円、数億円という莫大な金額の報酬返還を連帯して負うことになります。他のケアマネジャー・訪問介護スタッフのやったことでも、その責任は居宅介護支援事業所、訪問介護事業所の管理者、介護サービス提供責任者にもかかってきます。

介護サービスは営利事業ですが、社会保険料と税金で賄われています。独立性・専門性の高いケアマネジメントに、利益目的で第三者が関与することがどれほど重大な法律違反になるのか、わかっていないのです。もちろん、会社や経営者は守ってくれません。逆に、「不正行為を行って会社に損害を与えた」と訴えられるのが関の山です。

事業者や行政に問題があっても、現場が責任を問われる

もしここで事故が起きれば、さらに大変なことになります。

さいたま市にある住宅型有料老人ホームで、要介護5の女性が特殊浴槽で入浴中におぼれて亡くなりました。介護職員三人で七人の高齢者を入浴させていて、他の入居者の介護をしている途中にベルトが外れて亡くなったということです。

これが介護付有料老人ホームであれば、先に述べた「キャパシティ（介護容量）」の問題、危険な介護という話ですが、ここは住宅型有料老人ホームです。訪問介護サービスは、ケアプランにおいて「Aさんに一〇時～一一時　入浴介助」「Bさんは一一時半から一二時に入浴介助」と、それぞれに個別に介助時間とその内容が指定されています。三人の訪問介護員で七人の入浴介助をするなど、ありえないのです。

当該住宅型有料老人ホームは、「当日、休みになったスタッフがいた」とコメントを出していますが、有料老人ホームは介護サービス契約とは無関係なはずです。三人の介護スタッフで七人の入居者を入浴させるように指示したのは誰なのでしょう。入浴介助していたのは訪問介護員なのか、報酬算定はどうなっていたのか、すべて辻褄が合いません。ここは事業所数でトップ10にはいる大手高齢者住宅ですが、ここまでくればコンプライアンスやリスクマネジメントという次元の話ではありません。ケアプランや報酬管理だけでなく、その組織的な不正によって死亡事故が起きているにもかかわらず、特別監査や改善命令も出さないさいたま市の介護保険課や厚労省の対応も、やっていること全てが無茶苦茶なのです。

もちろん、入浴介助を担当した介護スタッフ（もしくは訪問介護員）からすれば、給与が変わるわけでもなく、自分勝手にこれほどまでに危険な介護をするはずがありません。ただ、この事故で、「ケアプラン通りに決められた介護を行っていなかった」と業務上過失致死の刑事罰に問われたのは、たまたまその日に入浴介助の担当だった二人の訪問介護スタッフです。理不尽だと思うかもしれませんが、囲い込み高齢者住宅で働いていると必ずそうなります。

これから、介護保険財政が悪化していく中で、法律的にも社会的にも、社会保障制度、介護保険制度の不正に対する視線は厳しくなります。暗黙のグレーゾーンが許されるような時代ではなく、罰則は確実に強化されていきます。素人経営者の指示に従って働いていると、「忙しすぎて介護はブラック」というレベルではなく、事故が起きれば全責任を負わされ、業務上過失致死で裁判にかけられ、資格剥奪になったり、数千万円の借金を背負ったりするのです。

「介護現場は頑張っている」ということと、法的責任は全く別の問題です。「指導監査が怖い」という声を聞くことがありますが、「どこでもやっている」「グレーゾーンだから」と低い給与で不正を強要され、刑事被告人になってから「こんなはずではなかった」と後悔しても、どうしようもないのです。

6　リスクマネジメントができていない事業者の特徴

これまでに述べた、キャパシティの管理ができない介護付有料老人ホーム、囲い込みのサ高住や住宅型有料老人ホームも含め、高齢者住宅の経営者の多くは悪徳事業者ではありません。自分たちが不正行為を行っている、スタッフに行わせていることにも気づいていない素人事業者なのです。

ただそれは、悪徳事業者のもとで働くよりも危険なことです。リスクマネジメントができていない、働いてはいけない事業者の特徴を挙げます。

①よくわからないまま「安心・快適」を標榜している

「自宅でも転倒するんだから、老人ホームでも転倒するのは当たり前」
「介助ミスでもないのに、どうして事業者やスタッフが悪くなるんだ」

そう感情だけで言い切ってしまうのは、介護のプロとしては失格です。ただ、通常の介護では避けられない事故はたくさんあります。介護保険施設、高齢者住宅で発生する誤嚥や転倒などの事故の半数、特に認知症高齢者の事故の多くは介護スタッフが努力をしても予防することはできないでしょう。

ネットやSNSでは、「避けられない事故なのに、文句を言ってくる家族が悪い」と責任転嫁をする介護スタッフもいますが、それは大間違いです。

「高齢者住宅、老人ホームに入れば安心・快適」
「二四時間三六五日スタッフ常駐　自宅で生活するよりも安全・快適」

そう言って高齢者や家族にセールスしているのは、高齢者住宅の側です。

同様に、多くの特養ホームや老健施設でも、入所前に事故のリスクを家族に説明できていません。通常の介護では、避けられない事故があることを伝えず、家族とのリスクの共有もせず、「認知症高齢者も安心・快適」と美辞麗句だけで契約しておいて、重大事故が起きてから、「骨折しても文句を言うな」「避けられない事故もたくさんある」というのは筋違いです。介護現場を働きにくくしているのは、家族ではなく何も説明していない事業者です。

②高齢者住宅の紹介業者からの紹介に頼っている

「入居者募集が紹介業者頼み」という事業者も、リスクマネジメントができていない特徴の一つです。この紹介業は、宅建業法に基づく不動産の仲介業ではなく、単なる営業のアウトソーシングです。そのビジネスモデルは、「紹介してなんぼ」「入居者押し込んでなんぼ」の世界ですから、紹介業者は入居者、家族にいいことしか言わず、入居後にトラブルになっても、全責任は高齢者住宅事業者が負うことになります。

現場の介護スタッフは、「この家族はちょっと……」「この認知症高齢者は事故リスクが高い」と思っても、断ることができません。そんなことをすれば、次から紹介してもらえなくなるからです。紹介業者に頼る事業者は、キャパシティの管理や対象者の選定、家族との信頼関係の醸成などが実質的にできませんから、そのひずみがすべて現場に降りかかってくることになります。

③突然、新しい入居者・利用者が入ってくる

病院の「緊急入院」とは違い、高齢者住宅では入居相談から入居判定、実際の入所日まで、早くても一か月程度要するのが普通です。特養ホームなどでも措置入所など特段の事情がない限り、同程度の期間がかかります。

「明日、新しい入居者が入ってくると前日に聞かされる」

「午後から新しい入居者が来ると、その日になって聞かされる」

中には、午前中に病院からの退院が決まって、その午後にはそのまま高齢者住宅への入居というケースもあると聞きます。

なぜ、事業者にとってリスクの高い「緊急入居」を強行するのかと言えば、そうしないと入居者が確保できないからです。

このような高齢者住宅では、契約内容の説明やケアマネジメント関連のアセスメント、ケアカンファレンス、入居判定、家族との信頼関係の醸成など、リスクマネジメントの土台となる検討が全くできません。介護現場からすれば、認知症高齢者なのか、寝たきり高齢者なのか、どのような事故リスクがあるのか、どのような点に気を付けて介護しなければならないのか、何も知らされない、わからないという状態です。キャパシティの管理もできませんから、暴言

や徘徊などＢＰＳＤの高齢者が突然入ってくれば、事故やトラブルが多発します。
　そのすべての負担、責任を介護現場が負うということです。

④ケアマネジメントが軽視されている

　刑事事件になるような重大事故が起きた事業所を検証すると、その多くでケアマネジメントの基本ができていないことがわかります。アセスメントもモニタリングも、何が書いてあるのかもわからず、中には他の利用者からのコピー＆ペーストで、名前と年齢と性別以外は他人のものという、とんでもないケアプランもあります。医療で言えば、検査も診察・診断も何もしないまま、注射をしたりクスリを出したりしているのと同じです。

　このような事業所では、介護現場でも「ケアプランなんてみたことない」というスタッフがほとんどで、介護の専門性の軽視も甚だしいのですが、これはとても危険なことです。死亡事故が発生した場合、ケース記録からケアプランまで、すべて捜査のため警察に差し押さえられます。そこで「適切にアセスメントが行われていない」「ケアプラン通りに介護していない」となると、単なる業務上過失致死ではなく重過失となりますから、罰金刑ではすまず懲役刑となる可能性もあります。仕事をしていないケアマネジャーは当然ですが、介護スタッフや管理者も同様の罪に問われます。ケアプランの軽視は、介護の専門性を自ら否定する行為であるだけでなく、人生を誤らせてしまうことになります。

⑤制度の理解、コンプライアンスの意識が乏しい

一般企業においても、コンプライアンスの強化が叫ばれています。それは倫理の話ではなく、経営の安定を阻害するリスクだからです。自動車業界でも、定められた制度基準ではなく自主ルールに基づく検査を行って、大きな騒動になりました。一時的に利益を上げたとしても、不正が明るみに出た時点で、その数倍の大きな痛手を負うことになります。

一般企業の法令違反は、「わかってやっている」という故意のものが多いのですが、介護業界では、「わからずにやっている」というケースがほとんどです。囲い込みについても、経営者に指摘すると「どこでもやっている」「何がいけないのかわからない」という人のほうが多いのです。

「営利事業なんだから、サービスをたくさん使ってもらうのは当然のことでしょ」

「要介護度が重くなれば、たくさん介護が受けられるから本人も喜ぶじゃないですか」

「囲い込みは事業者も儲かるし、本人も自己負担安いし、ウィンウィンですよ」

同じように思う人はその素人経営者のもとで働けばよいのですが、不正だとされても、法人は指導に従って報酬返還するだけで、それ以上の責任を取りません。死亡事故が起きても経営者が罪に問われることはありません。しかし、介護福祉士やケアマネジャーは、刑事罰に問われると仕事も資格も失うだけでなく、経営者からも「不正で事業者に損害を与えた」と訴えられることになります。

⑥体制が整っていないのに「看取り」を口にする

最近増えているのが、「看取り」を口にする高齢者住宅の増加です。

高齢者や家族が高齢者住宅に求めているのは「終の棲家」です。しかし、現状において、「看取り介護」は、法的にもそう簡単なものではありません。病院で死亡するのは、「治療の甲斐なく亡くなった」というもので、実際に看取りをしているのは、ターミナルケア病棟など一部に限られます。二四時間看護師がいる老人保健施設でも、急変時、救急時には救急車を手配します。そうでなければ、亡くなった後、不審死を疑われる可能性があるからです。

介護スタッフはその緊急性の判断も、医療的なケアも、生きているのか亡くなったのかさえも判断できません。区分支給限度額方式の住宅型有料老人ホームやサ高住でも、「看取りできます」というところがありますが、誰が責任をもって看取るのか、何をどう判断するのか、血を吐いたり苦しんでいても放置しておくのか、さっぱりわかりません。

その経営者に聞くと「急変しても救急車を呼ばないこと」と答えていましたが、その行為は、家族が納得しているか否かにかかわらず、看取りではなく遺棄致死です。安易に「看取り」を口にする経営者のもとで働くことが法律的にどれほど危険なのかわかるでしょう。

⑦施設長・管理者にまったく権限がない

リスクマネジメントの視点で、最も厳しい状態にあるのが権限のない管理者です。

大手の高齢者住宅では、有料老人ホームの「施設長」といっても、その上にはマネジャーがいて、さらにその上にエリアマネジャーがいてと、二〇年前の管理組織図のような硬直的な形をしています。そのため、事業所の長なのに事業所内のことさえ何一つ決められません。

リスクマネジメントの対策をとるには、スタッフを研修に出したり、安全対策の整った設備・備品を整備したり、人材を増やしたりと、時間も費用もかかります。しかし、すべて会社に申請しなければならず、「前例がないからダメ」「お金がかかるからダメ」と却下されます。介護現場からの課題改善要求にも応えられないため、スタッフは誰も指示に従いません。

しかし、そこで死亡などの重大事故が起きると、責任者として業務上過失致死に問われます。給与も年収五〇〇万円以下と、その責任に応じた待遇もありません。「最近の介護スタッフは管理職になりたがらない」という話を聞きますが、当たり前のことです。

同様に、そのような権限のない管理者のもとで働くというのも、大変なことです。

⑧介護スタッフの教育が現場に丸投げ

求人票には「先輩スタッフが丁寧に教えます」とあっても、数日スタッフがついて手順を教えられるだけ、先輩スタッフによって教える内容が違う、すぐに夜勤に回されてわからないことだらけでバタバタ、嫌になって三か月持たずに辞めてしまう……という話をよく聞きます。

「組織的な新人研修ができない」は、「組織的なリスクマネジメントができていない」というのと同じです。新人研修は、資格・経験の有無にかかわらず、「介助ミスによる重大事故を防ぐ」「事故を発見した時の初期対応」「感染症・災害時の初動」など、働くスタッフをリスクから守るということが最大の目的だからです。

それは、新人だけでなく、他のスタッフを守るということでもあります。

「浴室の紙オムツが補充してなかったので、取りに行かなければならない」

「午前の入浴スタッフが湯温を高温にしたまま放置した」

一人の些細なミスが他のスタッフの重大事故の起因となることは少なくありません。

リスクマネジメントはチームケアの土台です。新人スタッフに何を教えるか決まっていない、すべて現場任せ、個々人のスタッフ任せということは、リスクマネジメントができていないということなのです。それは、「安心して、安全に働けない介護現場」なのです。

ここまで、リスクマネジメントのできていない事業者について述べてきました。有料老人ホームやサ高住などの高齢者住宅を例に挙げましたが、これは特養ホームや老人保健施設などの介護保険施設でも同じです。

社会福祉法人の理事長が地方議員で、その妻や天下り公務員が施設長というところがたくさんあります。彼らは「介護、福祉の充実」と美辞麗句を並べるだけで、リスクマネジメントという言葉も知らないでしょう。その多くは高額な報酬、給与を取っているだけで、重大事故や家族とトラブルがあっても守ってくれませんし、その能力もありません。

そんなところでどれだけ一生懸命に働いても、疲弊するだけで給与も上がりません。どうして介護の給与は上がらないのか、一一兆円を超える介護報酬は介護現場やサービス向上に還元されずどこに消えているのかを、真剣に考えなければなりません。

介護業界がブラックと言われるのは、リスクマネジメントを理解しない、素人経営者が多いからです。そこで働くことは、パワハラやセクハラ、違法残業が横行する「ブラック企業」で働くよりも、別の次元で危険なのです。それは過重労働であるだけでなく、本来、経営者、管理者が負うべき役割および責任までも、介護現場にいる介護スタッフに負わせているからです。

「入居者のために、家族のために」という介護のプロとしての想い、責任感を、搾取するような事業所で働いてはいけません。またそんなところでどれだけ頑張って働いても、「介護のプロ」にはなれません。それは、あなたのためだけでなく、入居者のためにも、家族のためにも、また社会のためにもなっていないのです。

第4章

リスクマネジメントの実務とポイント

リスクマネジメントは、介護看護スタッフだけの仕事ではなく、入所入居相談、入所入居判定委員会、ケアプランの作成など、いま行っているすべての業務をリスクマネジメントの視点で見直すというものです（図表1-8、50ページ参照）。またそれは、「介護事故をゼロにする」という精神論ではなく、介護専門職として確立すべき知識・技術・ノウハウです。

その推進においては、「事業者から言われて（嫌々）やらされている」というものではなく、介護の業務に関わるすべてのスタッフが、一つのチームとして「自分の身を守るもの」「一緒に働く仲間を守るもの」という意識を持たなければなりません。

「リスクマネジメントの視点ですべての業務を見直す」とはどういうことなのか。ここからは、介護保険施設や高齢者住宅における事故の発生・拡大・波及予防対策を中心に、リスクマネジメントの実務とポイントについて解説します。

1 リスクマネジメントの対策は大きく分けて二つ

介護業界のリスクマネジメント対策が進まないのは、「事故＝リスク」「リスクマネジメント＝事故の発生予防対策」という誤解があるからです。その結果、「介護事故ゼロを目指す」「リスクマネジメント対策は現場の仕事」という間違った対策が行われ、「介護事故は介護スタッフの責任」というイメージが介護現場を苦しめています。

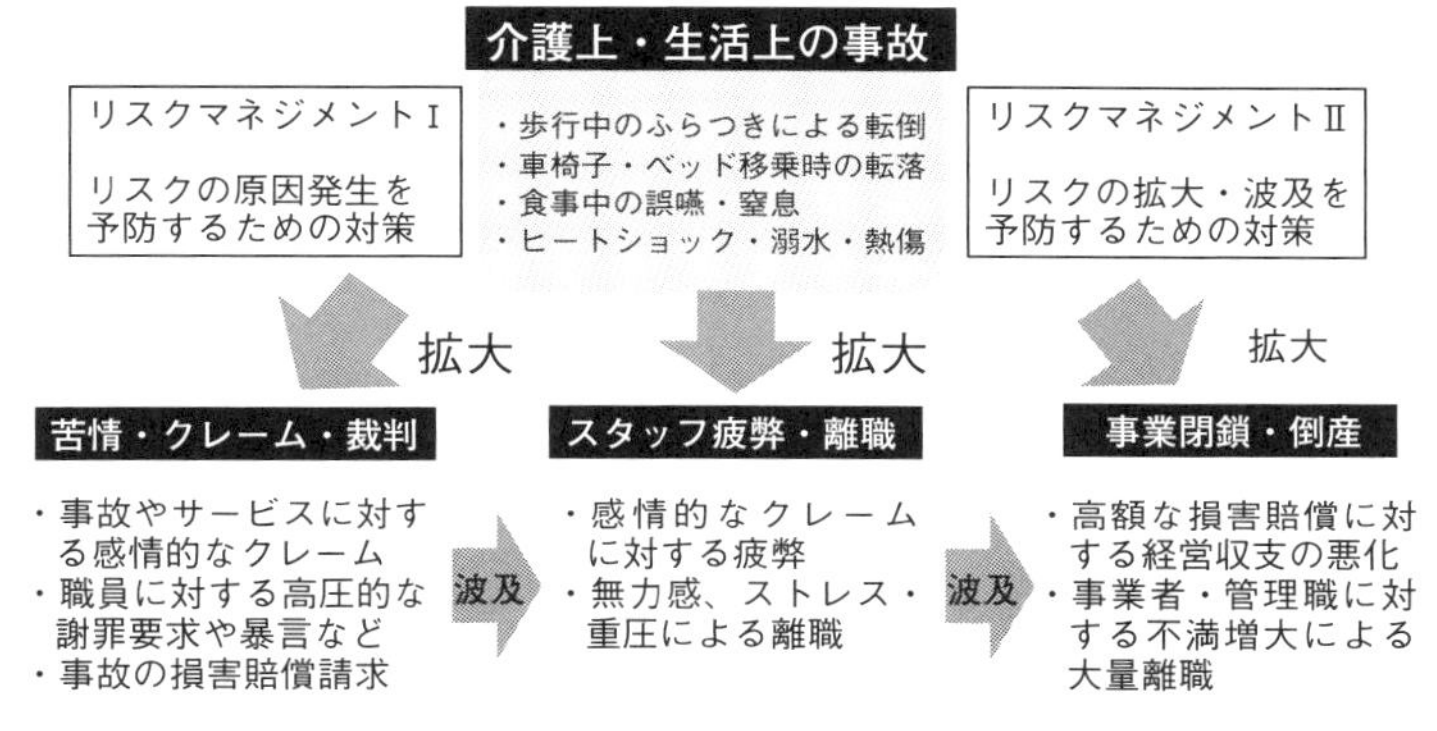
介護上・生活上の事故
リスクマネジメントⅠ
リスクの原因発生を予防するための対策
・歩行中のふらつきによる転倒
・車椅子・ベッド移乗時の転落
・食事中の誤嚥・窒息
・ヒートショック・溺水・熱傷
リスクマネジメントⅡ
リスクの拡大・波及を予防するための対策
拡大
拡大
拡大
苦情・クレーム・裁判
スタッフ疲弊・離職
事業閉鎖・倒産
・事故やサービスに対する感情的なクレーム
・職員に対する高圧的な謝罪要求や暴言など
・事故の損害賠償請求
波及
・感情的なクレームに対する疲弊
・無力感、ストレス・重圧による離職
波及
・高額な損害賠償に対する経営収支の悪化
・事業者・管理職に対する不満増大による大量離職

図表４－１　リスクマネジメントは２つの対策

介護事故のリスクマネジメントには、二つの視点があります（図表４－１）。

一つは、事故の発生そのものを予防するための対策です。具体的には、「介護事故の原因と対策の理解」「建物設備備品などのハード面の見直し」「安全介護マニュアルの整備・実践」「事故・急変発生時の初期対応マニュアルの整備・実践」「介護事故報告書の作成」などが挙げられます。これらは、基本的に介護現場の仕事です。介護のプロとして、法的な安全配慮義務を満たすための、高い知識・技術に基づいたサービスを提供しなければなりません。

もう一つは、事故が発生した時に、利用者家族からの苦情やクレーム、スタッフの疲弊や離職、経営に対する不信・不満などに広がらないようにするための対策です。

老人福祉の時代の介護は、転倒骨折事故がトラブルになることはありませんでした。それが「事業者との直接契約」「権利意識の変化」に伴い、高額な損害賠償、スタッフの大量離職による事業倒産にまで大きく拡大しています。介護の働きやすさの改善に求められるのは、こちらのリスクの拡大・波及予防の対策です。具体的には、「入居前の相談・説明」「ケアマネジメント」「入所入居判定委員会」「事故発生後の解決・収束対応」などが挙げられます。

これらが知識・技術・ノウハウに基づいて適切に行われていれば、事故の拡大・波及を予防できるだけでなく、介護現場も避けられない事故への対応にバタバタする必要はありません。

2　契約前の相談・説明方法を見直す

リスクの波及・拡大予防対策は、「解決・収束対応」を除き、入居前の対策です。「入居相談・説明」「ケアマネジメント」「入所入居判定委員会」は一連の流れのもので、その目的は、「事故リスクの相互理解」「禁止事項の説明」「家族との信頼関係の醸成」に集約されます（図表4-2）。

まず、入居前の相談・説明の目的は大きく分けて二つあります。

①サービス内容や費用、リスクを正しく理解してもらうこと

ほとんどの家族、高齢者は介護保険施設、高齢者住宅選びは初めての経験です。「介護ス

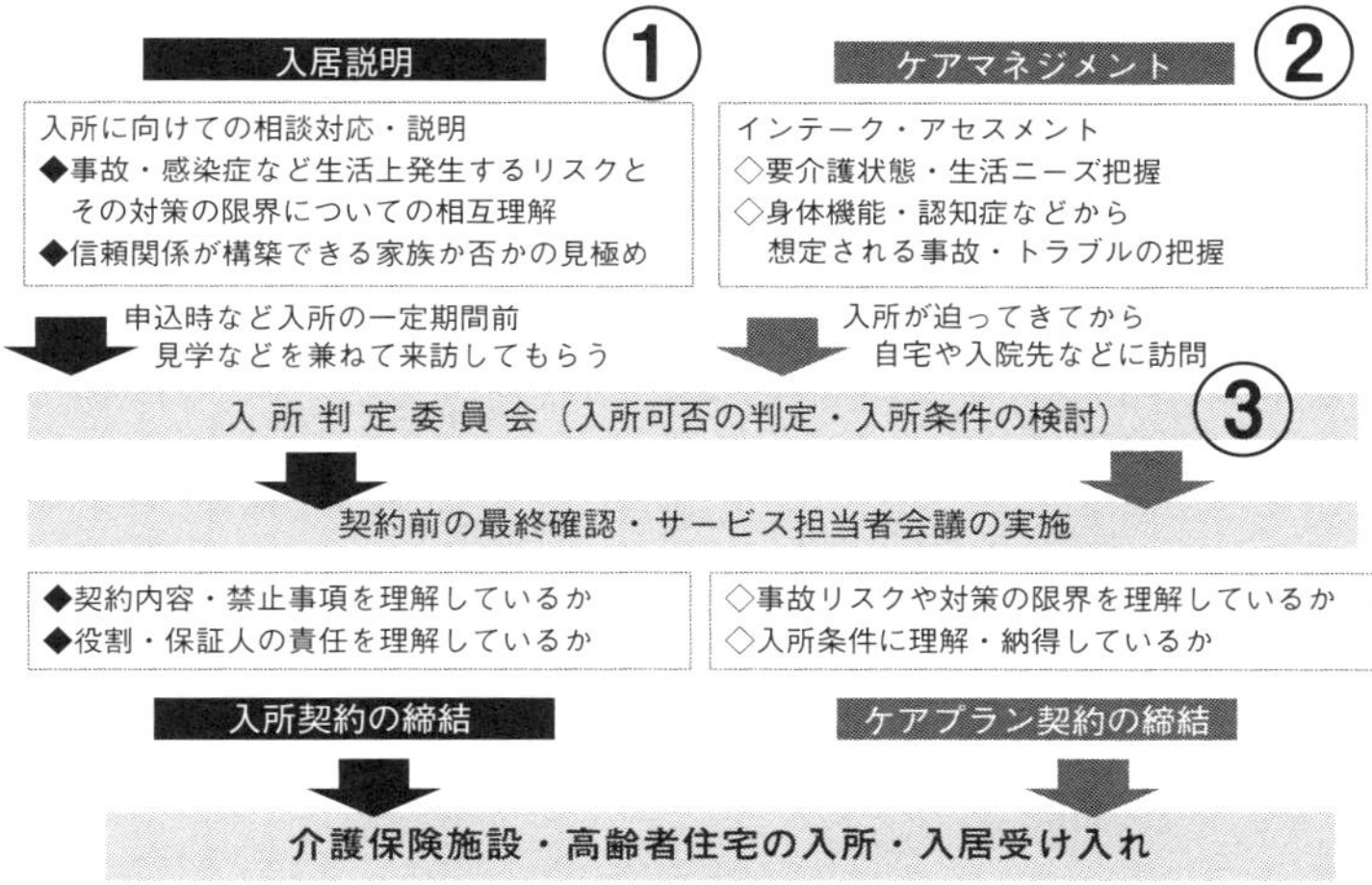
入居説明
①
入所に向けての相談対応・説明
◆事故・感染症など生活上発生するリスクとその対策の限界についての相互理解
◆信頼関係が構築できる家族か否かの見極め
ケアマネジメント
②
インテーク・アセスメント
◇要介護状態・生活ニーズ把握
◇身体機能・認知症などから想定される事故・トラブルの把握
申込時など入所の一定期間前
見学などを兼ねて来訪してもらう
入所が迫ってきてから
自宅や入院先などに訪問
入所判定委員会（入所可否の判定・入所条件の検討）
③
契約前の最終確認・サービス担当者会議の実施
◆契約内容・禁止事項を理解しているか
◆役割・保証人の責任を理解しているか
◇事故リスクや対策の限界を理解しているか
◇入所条件に理解・納得しているか
入所契約の締結
ケアプラン契約の締結
介護保険施設・高齢者住宅の入所・入居受け入れ

図表4－2　リスクマネジメント対策は入居前が8割

タッフ配置は【二：一配置】」「二四時間介護スタッフが常駐」と説明されても、理解できません。「基準は二〇名の介護看護スタッフ配置ですが、三〇名のスタッフを配置しています」「夜勤は三名のスタッフを配置しています」と説明すれば、具体的にイメージできます。

また「二四時間緊急対応」と一言で済ませるのではなく、夜間に急に体調が悪くなったり転倒が見つかった場合、家族に連絡するのか、救急車を呼ぶのか、協力病院はどこか、介護スタッフは付き添うのかなど実際の対応例を挙げれば、家族は要介護状態や入居後の不安について質問することができます。事業者側も質問を受けることで、入居予定者の認知症の有無や程度、説明に対する家族の理解度を計ることができます。

転倒・窒息など事故の可能性

- ■ 事故予防に対して、事業者としてどのような対策をとっているか
- ■ 転倒骨折、誤嚥窒息などの実例、避けられない事故があること
- ■ 入所者への「行動抑制」「身体抑制」に対する事業所の考え方

途中退所（契約解除）の可能性

- ■ 医療行為など特養ホームでは対応できないケースがあること
- ■ 禁止場所での喫煙など退所要件となる禁止事項
- ■ スタッフに対する本人・家族の暴言・暴行も、退居要件となること

感染症・食中毒などの可能性

- ■ 感染症・食中毒の発生・蔓延、手洗い・マスク等の対策
- ■ コロナなど感染発生時・拡大における面会制限、外出制限など

火災・自然災害などの可能性

- ■ 事業所における火災リスク・ハザードマップ上の被災区域の有無
- ■ 事業所が行っている防災訓練・災害備蓄・地域連携など
- ■ 火の拡大を防ぐためのカーテン等の持ち込み品指定

図表4－3　リスクに対する説明のポイント

特に重要なのが、リスクの説明です（図表4－3）。

生活上発生する事故については、転倒骨折、誤嚥窒息などの実例を挙げ、ケアプランの中で予防策は検討するけれど、その対策には限界があること、事故予防の手段として日常的な行動抑制・身体抑制などは行わないことを説明します。コロナのような感染症の発生時には面会禁止となる可能性があること（図表1－11、56ページ参照）、地域によっては巨大地震やその対策なども、説明しなければなりません。

禁止事項を含めた、途中退去（事業者からの契約解除）の要件も重要なポイントです。

高齢者や家族が望むのは終の棲家ですが、介護スタッフには医療行為はできませんから、看取りを含め、医療依存度の高い高齢者の対応には限界があります。居室内での喫煙、テレビ・ラジオなどの騒音、政治活動や宗教活動などの禁止も、事前に伝えておかなければなりません。これらのトラブルは、自立度の高い高齢者に多く発生します。

最近はカスタマーハラスメントや家族からの感情的な暴言も増えており、これも退去要件となります。認知症高齢者のＢＰＳＤによるものと、認知症ではない高齢者の暴言・暴行では対応は変わりますが、実際の運用をどうするのかは別にしても、スタッフを守るためには、契約上のルールは厳しくする必要があります。サービスに対する意見や苦情についても、業務中のスタッフにではなく、施設長や管理者に伝えてもらうことをルールとして説明します。

この事前相談・説明のポイントは決まっています。決まっていることはマニュアル化できます。連絡・受付、サービス内容・価格等の概要説明、施設内見学など手順・ポイントを整理し、ロールプレイングをして「どうすればうまく伝わるか」を訓練します。

②信頼関係が構築できるか否かの見極め

特養ホームや高齢者住宅などの「高齢者の住まい」は、飲食業や物販業のように単発的な関係ではなく、入居後からサービス提供がスタートし、入所者・家族との長い付き合いが始まります。目先の入居率アップのために〝来るもの拒まず〟になると、「事業者の説明を聞かない」

「無理難題を言ってくる」「スタッフに暴言を吐く」といったトラブルが続出します。

また、費用の未払いが、介護保険施設や高齢者住宅でも増えています。契約上は、月額費用の支払いがなければ、事業者から契約解除（つまり出て行ってもらうこと）を行うことは可能ですが、そういう家族や保証人が承諾するとは思えません。「介護するのが嫌やったら、その辺に捨てとけ」と暴言を吐く人もいます。「積極的に質問を受けるような説明が重要」というのは、その質問内容や態度から家族がどのような人なのかわかるからです。

入居者を選定した責任は、すべて事業者にかかってきます。そのため、入居にあたって、家族以外に保証人を立てる場合には、保証人にも説明をします。事業者の説明を真剣に聞いているか、高齢者の家族を取り巻く関係はどうなっているか、見学などで勝手な行動はないかなど、リスクマネジメントという視点で信頼関係が築けるのかを、見極める必要があるのです。

介護保険施設、高齢者住宅選びはほとんどの人がはじめての経験です。わからないこと、心配事がたくさんあって当たり前なのです。「質問がないからわかっているはず」というものではありません。最近は、突然の倒産や、介護スタッフによる暴言、暴行などの虐待事件がニュースになることがあり、高齢者住宅への入居に不安を抱えている家族は少なくありません。高齢者介護、高齢者住宅のプロとして、その高齢者・家族が抱える不安や疑問に寄り添い、より丁寧に説明することで、「この事業者に相談に来てよかった」「この老人ホームは信頼できる」という気持ちを持って帰ってもらうことが、リスクマネジメントには不可欠なのです。

逆に、「すべてそちらに任せる」「リスクとか退去要件とか、あれこれ言われるのなら他を選ぶ」という入居者・家族は、そちらに行ってもらったほうが良いのです。

3　ケアマネジメントを見直す

リスクマネジメントから見たケアマネジメントの目的は、四つあります。

① アセスメントに基づく、要介護状態から想定される事故リスクの把握
② ①に基づき想定される介護サービス量とキャパシティ（介護容量）の検討
③ 想定される事故の発生・拡大予防策の検討
④ ③の予防策の限界と事故リスクの理解の共有

この中で①と③は、通常のケアマネジャーであれば行っていると思いますが、リスクマネジメントの対策で重要なのは、②のキャパシティの検討と④の事故リスクの共有です。②については入居判定委員会の判断となるため、リスクマネジメント上、ケアマネジャーの仕事として最も重要なのが、サービス担当者会議における事故リスクの理解・共有です。

多くの家族は、「インテーク・アセスメントなんて言われてもよくわからない」「プロに任せ

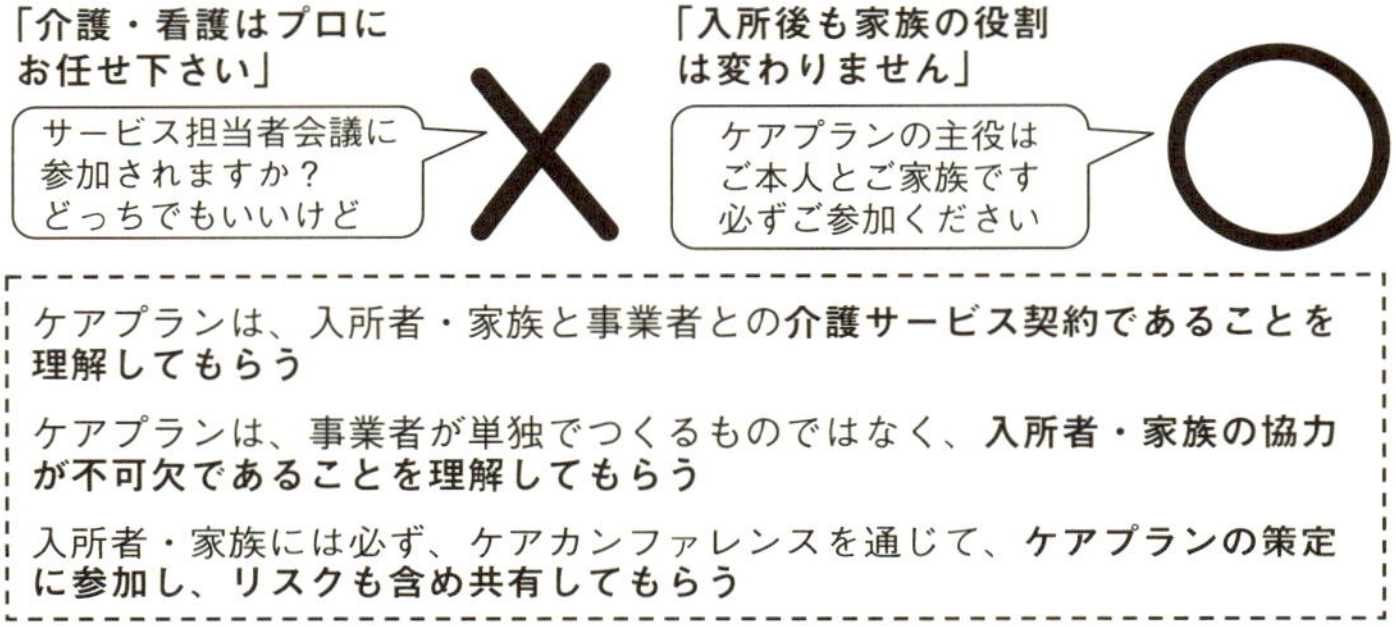
「介護・看護はプロにお任せ下さい」
サービス担当者会議に参加されますか？どっちでもいいけど
「入所後も家族の役割は変わりません」
ケアプランの主役はご本人とご家族です必ずご参加ください
ケアプランは、入所者・家族と事業者との**介護サービス契約であることを理解してもらう**
ケアプランは、事業者が単独でつくるものではなく、**入所者・家族の協力が不可欠であることを理解してもらう**
入所者・家族には必ず、ケアカンファレンスを通じて、**ケアプランの策定に参加し、リスクも含め共有してもらう**

図表4－4　サービス担当者会議の重要性

れば、安全・安心のケアプランを作ってくれるだろう」と思っています。事業者側も、「サインをいただければよい」「あれこれ細かく突っ込んで来る家族は面倒だ」「サービス担当者会議も、忙しくなければ出るけど……」くらいに考えているかもしれません。しかし、この事故リスクの相互理解ができていないために、それが避けられない事故であっても、「プロだと思って信頼して任せたのに……」となってしまうのです。

サービス担当者会議で伝えるポイント

入所入居前のサービス担当者会議で伝えるポイントは三つあります（図表4－4）。

一つは、ケアプランは契約だということ。刑事・民事ともに裁判になると、このケアプランは重要な証拠として扱われます。「歩行時見守り」などと安易に書いてあるケアプランをよく見ますが、それでは歩行時に起きた転倒事故はすべて、介護スタッフ・事業者の責任になります。歩行全てを見守ることなど不可能ですし、離れたところで見守っていても転倒すれば骨折します。介護スタッフの首をケアマネジャーが絞めているようなものです。

そのためケアプランでは、事故の予防策だけでなく、その限界も示さなければなりません。逆に「絶対事故を起こすな」「事故はすべて事業者の責任だ」と言われたら、介護サービスの契約は不可能、つまり受け入れはできないということです。

二つ目は、入居者が安全・快適に生活するには、家族の協力が不可欠であること。

これは、伝え方の工夫も必要です。ケアマネジャーから一方的に話をするだけでは、家族は聞き役となり「介護はプロにお任せします」という雰囲気になってしまいます。そうならないためには、「一緒に考えましょう」「ご意見をお聞かせください」というスタンスで進めます。

例えば、夜間でも「転倒すればすぐに連絡がほしい」という家族がいるかもしれませんし、「そちらで様子を見ていただいてからで結構です」という家族もいるでしょう。これを確認しておくだけで、夜間転倒時の介護スタッフの業務負担は全く違います。また、「最初の頃は慣れないと思うので、転倒事故の予防のために不安がある時には、必ずスタッフを呼んでくださいね」という入居者への予防策の説明は、家族の前でします。

三つ目が、リスクの相互理解です。

事前に家族との事故リスクの共有・相互理解がなければ、介護現場は安全にサービスを提供することができません。丁寧に説明すれば、介護スタッフがマンツーマンでついているわけではないので、事故を完全に予防できないことはわかります。夜間に、Aさんをトイレで排泄介助中にBさんのコールが鳴ることもあります。二つ同時にできないのは当たり前です。それを家族にも理解してもらわなければなりません。

これは説明方法も重要です。例えば、「事故予防にセンサーマットをつけます」と説明するだけでは、家族はセンサーマットをつければ転倒事故を予防できると考えてしまいます。しかし、センサーマットは異変の早期発見のためのもので、直接的な事故予防効果はありません。転倒時の「衝撃吸収マット」も、事故の発生をゼロにするというものではなく、必ず骨折しないというものでもありません。逆に要介護状態によってはマットに躓いて転倒するという可能性もあります。これも家族に説明をして一緒に判断します。

介護報酬改定の中で、「オンラインサービス担当者会議」が可能となりましたが、「じゃあ、オンラインでいいんだ」という話ではありません。入居後のケアプラン見直しは通常六か月に一度程度ですから、家族が海外在住のような特別なケースでない限り、施設・住宅まで来訪して参加してもらうことが原則です。そのためには、「サービス担当者会議やケアカンファレンスには必ず参加してください」と入所入居時に伝えておくことも必要になります。

「お忙しいと思うので、ハンコを押して返送してください」などというのは論外です。それは、リスクマネジメントの土台となる「事故リスクの相互理解」「信頼関係の醸成」の手立てを事業者から放棄しているに等しいのです。

4　入所入居判定委員会を見直す

もう一つ、リスクマネジメント上、重要なポイントとなるのが、その対象者の受け入れを検討する「入居判定委員会」です。これは施設長（管理者）が招集し、アセスメントを行ったケアマネジャー、事前相談・説明をした生活相談員の他、看護師、介護主任、入所予定の居室のユニットリーダー、栄養士などで構成します。

ここで注意が必要なのは、老人福祉施設である特養ホームと民間の高齢者住宅とでは、判定基準が違うということです。

民間の高齢者住宅は、「認知症高齢者お断り」「一定以上の富裕層に限る」「信頼できる保証人が三人以上」など、事業者の利益に沿った形で優先順位の決定・入居判定を行うことができます。

一方の特養ホームは、社会的弱者を対象とした老人福祉事業です。その建設や運営に多額の補助金や税制優遇を受けているため、「重度要介護、家族の介護力、認知症」など行政の示した基準に沿って、総合的に緊急度・優先度を判断し、入所者を決定することになります。

最近は、介護も経営の時代だからと、「事故リスクの高い高齢者はお断り」「第三段階までの

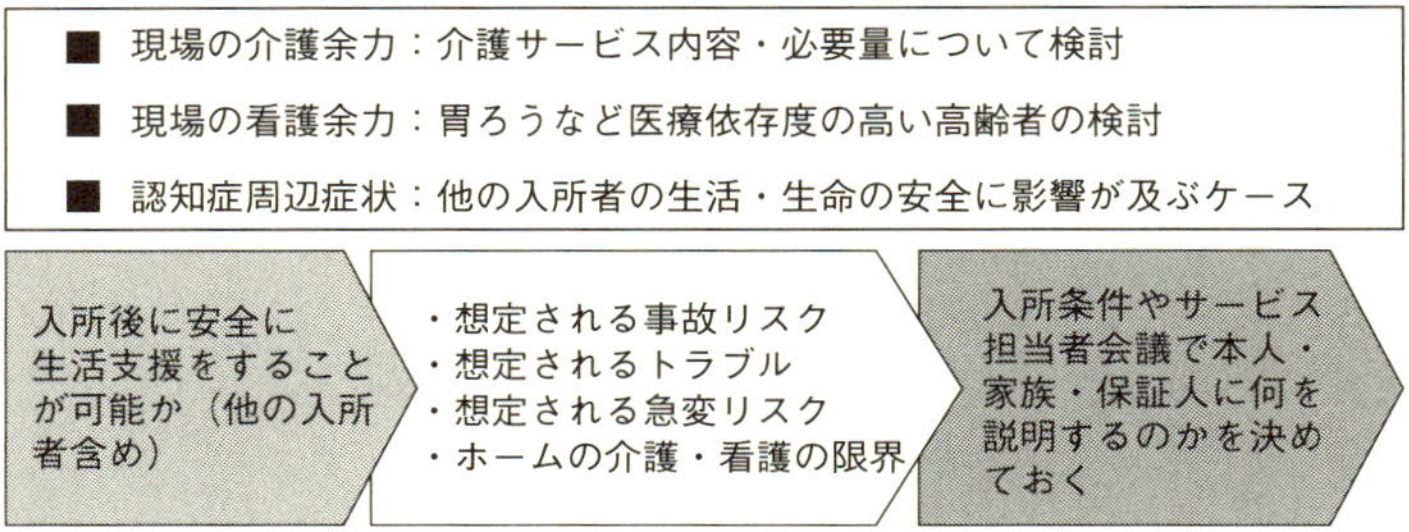
■ 現場の介護余力：介護サービス内容・必要量について検討
■ 現場の看護余力：胃ろうなど医療依存度の高い高齢者の検討
■ 認知症周辺症状：他の入所者の生活・生命の安全に影響が及ぶケース
入所後に安全に生活支援をすることが可能か（他の入所者含め）
・想定される事故リスク
・想定されるトラブル
・想定される急変リスク
・ホームの介護・看護の限界
入所条件やサービス担当者会議で本人・家族・保証人に何を説明するのかを決めておく

図表4－5　キャパシティの検討

低所得者は後回し」などという経営者気取りの理事長や施設長が増えていますが、「それなら社会福祉法人を返上して、民間の高齢者住宅をやってください」という話です。

入居判定委員会のポイント

ただ、どちらも、リスクマネジメントの視点からの検討は必要です。

一つは、キャパシティ（介護容量）です。これには「介護余力」「看護余力」があります（図表4－5）。

キャパシティの管理は、スタッフの過重労働を防ぐというだけでなく、入所・入居後に安全に生活してもらえるのかを検討することでもあります。介護現場に余力がないのに、事故リスクの高い高齢者を受け入れて、入所後すぐに骨折したということでは意味がありません。「食事介助が限界なので、できれば自立摂取できる人が望ましい」「特浴の対象者が一杯なので個浴対応の人が望ましい」「空所のあるユニットは独歩の認知症の方は難しい」など、介護現場の意見を聞きながら、ケアマネジャーのアセスメントに基づいて検討します。

看護余力も同じです。最近は胃瘻やインシュリン注射、在宅酸素など、医療依存度の高い高齢者が増えています。どの程度の医療管理が必要なのか、急変時の対応、夜間の対応など、想定される課題について、看護師を中心に丁寧に検討していきます。

最も対応が難しいのが、認知症による徘徊や暴言、暴行などのBPSD（周辺症状）です。認知症高齢者には、記憶障害や見当識障害だけでなく、不安や抑うつ、妄想、幻覚などの精神症状、徘徊や不潔行為、暴言暴力などの行動症状が現れます。他の入所者・入居者の生活や生命にかかわるような暴言や暴力もありますし、特に身体的に自立度が高い場合、その影響は大きくなります。普段は穏やかでも突然スイッチが入ることもあります。薬でその行動をどこまで抑制できるのか、その副作用なども精神科医とも十分に相談し、検討します。

このキャパシティとリンクするのが、繰り返し述べている、家族との信頼関係や事故リスクの理解・共有です。独歩の認知症高齢者などで、転倒・骨折事故の可能性が高くても、家族とリスクの共有ができているのであれば、受け入れは可能です。逆に、「はいはい」と生半可に聞いていたり、横柄な態度で「いつ入れるんだ」「先に順番を回してくれ」と言ったり、勝手に写真を撮ったり、うろうろしたりする家族は注意が必要です。

「介護の手のかからない要支援・軽度要介護高齢者だからキャパシティには関係ない」という考えも間違いです。自立度が高い高齢者でも、スタッフや他の入居者に大声で怒鳴る、禁止場所で隠れてタバコを吸うなどトラブルメーカーになって、現場が大混乱することもあります。介護サービスは契約の時代ですから、入所者入居者の選定も、事業者がリスクを考慮して判断しなければならないのです。

もう一つ、この入居判定委員会は、「入居の可否」だけを判断するのではありません。最終的な入居契約、ケアプラン契約の前に本人・家族にどのような話をするのか、受け入れの条件や家族への依頼など、リスクマネジメントの視点からどんな点について細かく説明・相談するのかを、決めておく必要があります。

「協力病院で対応できない、特殊な疾病の送迎は家族に依頼する」

「車椅子からの不意の立ち上がりなど、転倒・骨折リスクが高いことを重点に説明」

「夜間に不穏、興奮状態になった場合、精神科医と相談」

これらは、きちんと議事録に残しておくことです。この入所判定の書類は、裁判になっても、事業者はどこまで深く考えていたのか、家族は事故のリスクがあることも含めて、納得して入所したのか否かを証明する書類にもなります。

その最終判断を下すのは、施設長・管理者です。なぜなら、その事業所のリスクマネジメントの責任者は、施設長・管理者だからです。

5　発生予防対策は事故を正しく理解することからスタート

次は、介護現場で行う介護事故の発生を予防する対策です（図表4―1、143ページ）。「スタッフの努力だけでは避けられない事故がある」と述べていますが、「避けられなくても仕方ない」「自宅でも転倒するのだから仕方ない」と言っているわけではありません。「事前説明をしておけば、すべての事故は免責になる」というものでもありません。

事故の発生予防対策は、要介護状態によって一人ひとり違いますし、「これさえやっておけば大丈夫」「これで安全配慮義務を全てクリアできる」という対策はありません。だからこそ、「介護事故報告書」「センサーマットの設置」といった場当たり的・画一的な対策ではなく、組織的な専門性の高い知識・技術・ノウハウを構築していく必要があるのです。

介護事故の整理と理解

「介護事故の対策は何から始めればよいのか……」

それは、介護事故を正しく整理し理解することです。

例えば、食堂で食事中に発生しやすい事故には何があるのか。すぐに頭に浮かぶのは誤嚥や窒息事故ですが、それ以外に異食や誤薬などもあります。熱々のものを提供することはないの

生活エリア	生活介助行動	事故種別	事故原因	対応方法
食堂	移動・移乗	転倒	身体機能低下	ケアプラン
浴室・脱衣室	食事	転落	判断力低下	介護マニュアル
居室	排泄	誤嚥・窒息	薬の副作用	研修・教育
廊下 EV 玄関	入浴	異食	間接介助ミス	連携・連絡
その他共用部	起床・就寝	溺水	直接介助ミス	設備備品（個別）
	レクレーション	誤薬	建物設備備品	建物設備（全体）
	他の生活行動	火傷・熱傷	その他	その他
		その他		

図表4－6　介護事故を整理・理解する

で火傷をすることはそう多くありませんが、きちんと座れていないと、バランスを崩して椅子からの転落事故もあります（図表4－6）。

アセスメントを行い、可能性の高いものはケアプランの中で対策を検討することになりますが、特に、認知症高齢者の場合、予測される事故をすべてケアプランの中で網羅することは現実的ではありません。

この介護保険施設や高齢者住宅で発生する事故は、交通事故とよく似ています。

自動車の免許を持っている人はご存知だと思いますが、自動車教習所では、「だろう運転」ではなく、「かもしれない運転」を心がけよと言われます。

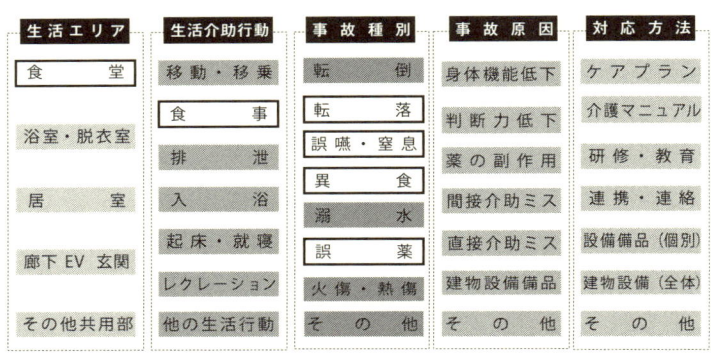

「野球のボールが転がってきた後から、子供が飛び出してくるかもしれない」

「左折時に、バイクが横からすり抜けてきて、巻き込み事故になるかもしれない」

見通しの悪い交差点、視界が悪くなる夕暮れ時など、

種類	浴室内事故ケース（抜粋）
転倒	浴槽から立ち上がり、ふらついて転倒 椅子やマットにつまずいて転倒 浴槽内へ移動時にバランスを崩して転倒 スタッフが足を滑らせ、つられて転倒
転落	入浴台への移乗に失敗し転落 シャワーキャリーに座ろうとして転落 冷水がかかり、シャワーキャリーから転落 ストレッチャーからバランスを崩し転落 ストレッチャーから浴槽へ移乗時に転落 ストレッチャーの手すりが外れ転落
溺水	大浴槽内で入浴姿勢が安定せず溺水 浴槽内で臀部が滑り、姿勢を崩して溺水 特浴内で安全ベルトが外れて、反転・溺水
熱傷	シャワーの温度が高くなりすぎ熱傷 浴槽のお湯の温度が高くなりすぎ熱傷
怪我 他	移乗時にフットレストに引っかかり怪我 浴室内で混合水洗・シャワーにあたり怪我 認知症高齢者がシャンプーを口に入れる

入浴事故の特性（原因）

心臓への負担、血流の増減により脳梗塞・心筋梗塞などの急変のリスクが高い

血圧急高下により、意識障害、ふらつき、のぼせなどの状態になりやすい

移動、移乗、浴槽へのまたぎなど、体重移動が必要な生活行動・介助が多い

石鹸、シャンプーの泡で床が滑りやすい

入浴事故の特性（種類 等）

転倒、転落、溺水、熱傷など、様々な種類の介護事故が発生

小さなミス、目を離した隙が溺水などの介護事故の発生につながる

骨折、脳出血、全身やけど、溺水など生命にかかわる重大事故のリスク大

→ **入浴中に死亡事故が起きれば、刑事・民事ともに事業者・スタッフの責任**

図表４－７　浴室内での事故の整理

事故が多くなる場所や時間帯はわかっています。介護事故も、どの生活場所で、どんな介助場面で、何が原因で、どのような事故が起きているのかはほぼ決まっています。全くの想定外の事故というのは一％もありませんし、当然それは事業者や介護スタッフの責任にはなりません。

件数や種類の多い、入浴中の事故について整理してみましょう。図表４－７は入浴時における事故とその特徴をまとめたものです。

入浴中は、転倒、転落、溺水、熱傷など、様々な事故が発生します。

原因面から浴室内での事故の特性を挙げると、「ヒートショックによる心筋梗塞などの急変リスクが高いこと」「ふらつき、のぼせなどの状態になっていること」「石鹸・シャンプーなどで床が滑りやすいこと」「跨ぎ、立ち座りなど体重移動が必要な生活行動・介助が多いこと」

などが考えられます。また、「脱衣室で他のスタッフと打ち合わせをしていた」「シャンプーが切れていて取りに行った」という一瞬の隙や、「特浴の安全ベルトの確認が不十分だった」「ストレッチャーのネジが突然外れた」といった小さなミスで、骨折、頭部強打、全身やけど、溺水など命に関わる重大事故に発展することがわかります。

これは、独歩高齢者でも、車椅子、寝たきりの高齢者でも同じです。

入浴は想定（予見）される事故の種類が多く、かつ、骨折・死亡などの重大事故の発生確率が最も高い危険な生活行動です。「予見可能性が高い＋死亡リスクが高い」となるため、民事裁判でも厳しい判決になりますし、死亡事故になれば刑事罰に問われることも多くなります。

現場でできることは、事故を想定した介護です。

「特殊浴槽の安全バーが外れて転落するかもしれない。カチッと音がするまで確認」
「シャワーから熱いお湯が出るかもしれない。自分の手でもう一度確認しなきゃ」
「浴室内での手引き歩行は転倒・骨折するかもしれない。シャワーキャリーを使おう」

食事中の事故の想定も同じです。

「きちんと椅子に着座できていなければ、転倒事故になるかもしれない」
「姿勢が悪いまま急いで食べているので、誤嚥や窒息があるかもしれない」
「お薬を真ん中に置いてしまうと、間違って誤薬になるかもしれない」
「こんな場所に消毒液を出しておくと、認知症高齢者が間違って飲むかもしれない」

特に、骨折や窒息など入院、死亡につながるような重大事故は決まっています。それがどんな生活場面で、どのような介助行動の時に起きるのかもわかっています。

特別な介護予防対策をしなくても、全スタッフが介護事故を整理・理解し、「かもしれない介護」を心がけるだけで、大幅に介護事故を減らすことができるのです。

6　介護事故対策はハードの見直しから

事故は大きく三つの原因で発生します（図表4－8）。

一つは、介護スタッフのミス。

特養ホームや介護付有料老人ホームの介護スタッフには資格が必要なく、ベテランの介護福祉士から無資格未経験の新人まで、その知識や技術には大きな差があります。介護技術の乏しい力任せの介護による事故や、知識に基づかない危険な介助のほか、連携ミス、連絡ミスによる事故も多数発生しています。直接介助だけでなく、「夜勤でPトイレを出すのを忘れた」「ベッド柵を反対につけてしまった」「階段室の扉を開けっぱなしにしていた」というのも介助ミスです。

二つ目は、高齢者の身体機能・認知機能の低下による事故。

高齢者は加齢によって、ＡＤＬ（日常生活動作）が低下していきます。自立独歩の高齢者も、

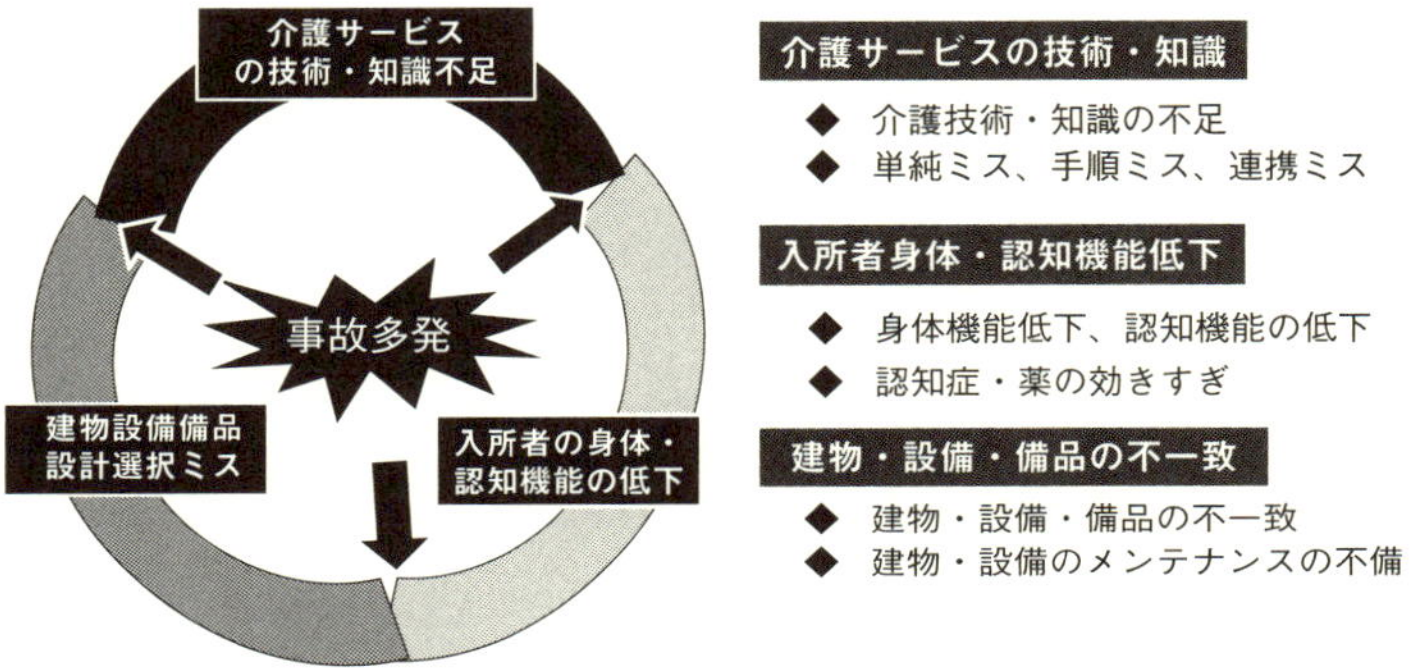

図表4－8　事故発生の三大要因

起立性低血圧によるふらつきや小さな段差に躓いて転倒し、骨折する可能性は高くなっていきます。「寝不足」といった少しの体調不良でも、機能低下は著しく、薬の副作用によっても状態は大きく変動します。認知症になると自分で危険性の判断ができませんし、「できることは自分でやろう」という自立心が転倒・骨折事故の原因になることもあります。

もう一つが、建物設備備品などのハード面です。バリアフリーというだけでは、多様な要介護状態の高齢者に対応することはできません。経年劣化や機能の低下、機器の故障なども起きます。

ただ、事故は単独で発生するものばかりではなく、これらの三つの原因が重なって発生し、これらのズレが大きくなると、骨折や死亡などの重大事故に発展するリスクが高くなります。例えば、介護スタッフのミスだとされる移乗介助中の事故でも、その背景には「車椅子のブレーキが甘くなっていて動いた」ということもあります

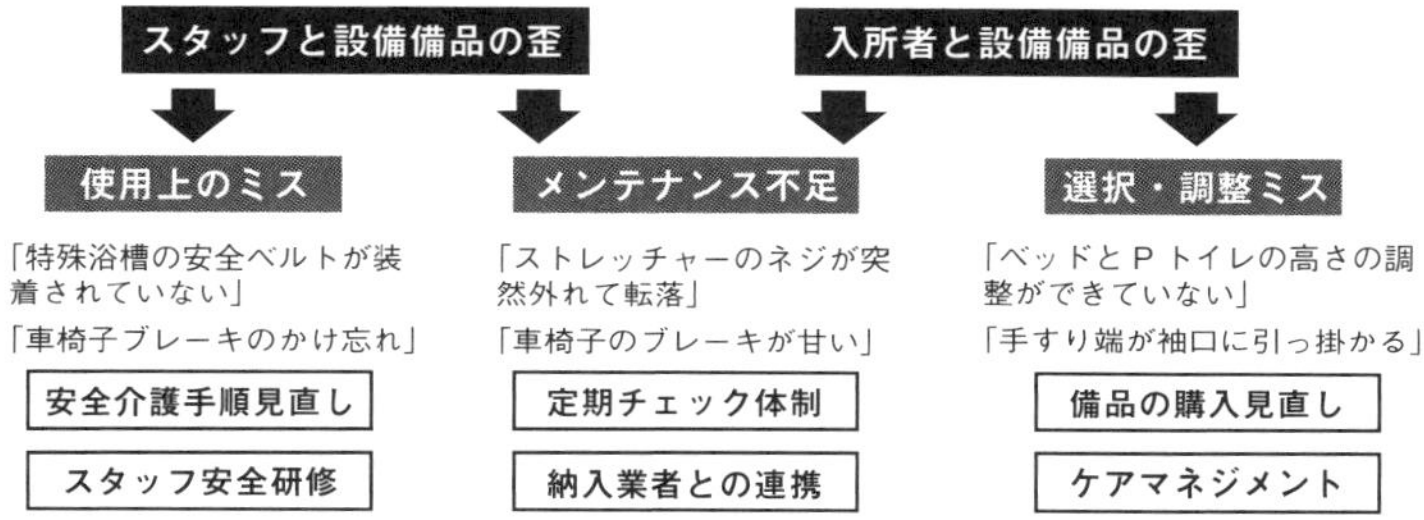

図表４－９　事故対策はハードの見直しから

し、「誤嚥能力の低下」とされる食事中の誤嚥窒息事故には、椅子の高さや食事中の姿勢などが関係していると言われています。「身体機能低下」と「設備備品」の不一致を埋めるのはケアマネジメントですが、日々の体調の変化などもあるために、完全に一致させることはできません。また、「介護の知識・技術」と「設備備品」の不一致を埋めるには教育・訓練が必要ですが、些細なミスは誰でもあることですし、全スタッフの知識・技術のレベルを短期間で向上させることも容易ではありません。

そのため、「身体機能の低下」「介護スタッフの知識・技術」ではなく、「建物設備備品」の側から見直して、事前に可能な限りこのズレを埋めておけば、防ぐことのできる事故は多いということです。

設備備品が絡む事故というのは、大きく分けて三つあります（図表４－９）。

一つは、使用上のミス。

「特殊浴槽のベルトがはまっていない」「車椅子のブレーキかけ

忘れ」「シャワーの温度が高いまま」などです。これは安全介護マニュアルでルール化、意識づけをすることです。また備品の選択時、難しい設定のものは避ける、機能が単純なものを選ぶなどの工夫も必要です。

二つ目が、選択・調整ミス。

「ベッドとPトイレの高さが合っていない」「手すりの位置・高さが合っていない」「浴槽のタイプが合っていない」などです。これはケアマネジメントで備品選択の見直しや、次に購入するときに安全対策を意識した物品を検討することが必要になります。

特に、介護保険施設や高齢者住宅では、様々な要介護状態の高齢者が入居します。そのため、設備・備品を選択するときは、要介護状態の変化にどこまで対応できるのかという「可変性」、多様な要介護状態にどこまで対応できるのかという「汎用性」の視点が重要になってきます。例えば、居室のトイレの手すりは、右麻痺・左麻痺など要介護状態に合わせて、脱着できるようにしなければなりません。車椅子でもサイドレールを外したり、高さや座幅を調整したりできるものがあります。食事のテーブルや椅子、ポータブルトイレも同じです。高額な特殊浴槽であっても、「介助車椅子高齢者のみ」「寝たきり高齢者のみ」など、限定された要介護状態の高齢者にしか利用できないものは、使い勝手が悪く危険です。

そしてもう一つ、事故原因として多いのがメンテナンス不足です。

「車椅子のブレーキが甘くなっている、車椅子の空気が漏れている」

	注意点		対策
脱衣室	備品	脱衣室に転倒・つまずきなどの原因になるものはないか	転倒・事故防止
	備品	衣服着脱ベンチはシャワーキャリーの高さと合っているか	転倒転落防止
	備品	脱衣室内の暖房機能（設定温度など）に問題はないか	急変・転倒防止
	備品	ストレッチャーのがたつき、ネジのはずれなどはないか	転落防止
	備品	シャンプーなど、認知症高齢者の手の届くところにないか	異食防止
	備品	棚の角など、ぶつかり時の予防対策は機能しているか	怪我拡大防止

図表４－10　脱衣室空間の安全対策（抜粋）

「特浴のストレッチャーのネジが緩くなってストッパーがガタガタしている」

介護機器は、安全第一に作られていますが、長期間使っているとネジが緩むなど劣化をしていきます。エレベーターや自動ドアには法的点検がありますが、車椅子やストレッチャーにはありません。どこかで壊れて、その時に転落などの重大事故が発生するのです。

対象となる設備・備品ごとに、チェックリストを作っておけば定期的に確認できます。車椅子やストレッチャーは、半年に一度、業者さんにメンテナンスを依頼することも可能です。

エリア単位でのチェックリストも有効です。「短時間でも業者さんが倉庫の前にオムツの箱を積んでいて通りにくい」「杖が玄関のグレーチングに挟まってしまう」「雨の日に玄関が濡れていて滑って危ない」など事故の原因になるものが見つかるはずです（図表４－10）。

設備・備品ごと、エリアごとに、チェックリストを作って、定期的に安全な空間が保たれているかを確認しましょう。事務方や営繕係などに依頼すれば、介護スタッフが直接行う必要はありません。このメンテナンスや空間整備は、効率的・効果的、かつ即効性の高い対策であり、とりわけ骨折や死亡などの重大事故の予防効果の高いものです。

事故予防対策は、ハード（建物設備備品）の見直しからです。

7 安全介護マニュアルの目的は「介護の画一化」ではない

事故予防のために不可欠なのが、「安全介護マニュアル」の整備です。

「安全介護マニュアルを作りましょう」と言うと、介護はマニュアルではできない、介護にマニュアルなんていらない、個別ケアの原則に反する、という人がでてきます。言いたいことはわからなくはありません。


第1章で述べたように、いま介護業界に流通している介護マニュアルは、介護の画一化を求めるものです（図表1－6、42ページ）。できるはずのないことを書き連ね、指導監査用にコンサルタントが作った「介護マニュアル全集」を書棚の奥に仕舞い込むことが目的化しています。これは意味がないというよりも、反リスクマネジメントともいうべきもので、事故が起きた時の「安全配慮義務違反」「契約違反」を証明する書類にしかなりません。


しかし、介護事故の発生予防のためには、安全介護マニュアルは必ず必要です。

病院でも、患者や薬剤の取り違えをなくすためのマニュアルを整備しています。血液検査でも、注射を打つ場合でも、場所場所で何度も名前と生年月日を確認されるでしょう。「看護は

入浴介助（一般浴槽）

▶転倒防止のため、浴室脱衣室内の移動は必ずシャワーキャリー使用
（元気だから、少しくらいと手引き歩行は絶対にダメ !!）

▶シャワーは、自分の手の甲で湯温確認し、声かけしながらゆっくり
（本人に湯がかからない場所で驚いて転倒や転落事故も多い）

▶浴槽内の湯温は、浸かる前にもう一度、手を入れて確認

▶浴槽に入っている時は、溺水・急変リスクがあるため目を離さない

▶着替えの忘れ物がある時なども、自分で取りに行かずに、必ず、他のスタッフに連絡し持ってきてもらうこと
（安定している、迷惑をかけるからと浴室を離れるのは厳禁）

▶入浴中、万一状態の急変があった時はその場を離れずコール

▶見慣れない斑点・打撲痕など、気になることは看護師にコール

図表４－11　一般浴槽マニュアル（例）

マニュアルではできない」「マニュアルなんていらない」と言う人はいないはずです。

安全介護マニュアルは、事故予防のための全体の注意点や手順を示すものです。これに対してケアプランは、それぞれの利用者、入居者の要介護状態に合わせた個別ケア、個別の安全対策の実践のためのものです。役割が基本的に違うのです。

では、安全介護マニュアルとはどのようなものなのか。

実際の一般浴槽の介護マニュアルの例を見てみましょう（図表４－11）。

「浴室・脱衣室では手引き歩行せずにシャワーキャリーを使ってもらう」

それは転倒・骨折のリスクが高いからです。

「シャワーの温度を手の甲で確認する」

シャワーの水が熱かったり冷たかったりで、

おどろいて転倒・転落や熱傷があるからです。

「浴槽内の温度をつかる前にもう一度確認する」

熱湯に入れて全身やけどで死亡事故が発生しているからです。

「下着など忘れ物がある場合でも、自分で取りに行かずにコールする」

浴室を離れて取りに行っている間に溺水や急変があるからです。他のスタッフに迷惑がかかる、急いで帰ってくれば往復一分くらいだろうと思っても、そこで他のスタッフや入居者に呼び止められて話をし、気が付けば五分、一〇分はあっという間です。戻ってきた時には、おぼれて亡くなっていたり、浴槽から出ようとして転倒しているという重大事故は、全国で多発しています。

「入浴中は目を離さない」

入浴中に脱衣室の片付けや着替えの準備をしようとして目を離してしまい、「静かだな～」と思って確認をしたら、その間に意識がなくなって、お湯の中に顔が浸かっていたということもあります。

「急変時、異常発見時には、スタッフはその場を離れずにコールする」

「見慣れない斑点や打撲痕がある場合、看護師に連絡する」

こういった内容はすべて、「何をすべきなのか」「何をしてはいけないのか」「それはなぜか」といった根拠のあるものです。「マニュアル通りに介護しろ」というものではなく、どんな時に事故が起きているのか、その事故が起きないように、なぜそうしなければならないのかを理解させるためのものなのです。

安全介護マニュアルは、先に述べた事故の整理・分析が土台となっています。

「とっさの判断に迷うことってあるよね」

「少しくらいの時間なら大丈夫かな？」

介護をしていると、そういう場面がたくさんあります。ベテランであっても、新人であっても、その時に判断を迷わないようにさせることが目的です。この安全介護マニュアルがそのまま、新人研修の内容になります。ＯＪＴで何を教えていいかわからない、教える人によって中身が違うというのでは、チームケアはできません。

すべては事故予防のためにある

このマニュアルは、介助を行っている時だけのものではありません。

【入浴後の後片づけマニュアル】の例を挙げてみましょう（図表4-12）。

「入浴後には、シャワーやお湯の設定温度を所定の位置に戻す」

最後の人が掃除終わりに一番熱い温度にして、ザーッとかけ流すということがあります。翌日、入浴介助の担当者が、その熱い温度のまま入所者にかけてしまい、大やけどをするという悲惨な事故も起きています。入浴介助後は必ず湯音を所定の位置に戻す、翌日の入浴介助の担

入浴後の後片付けマニュアル例

浴　室　内

▶シャワーや給湯の温度を所定の位置に戻す（メモリ中央）
▶シャワーとカランは、ぶつかり事故が発生しないよう横に向けておく
▶浴室内のバスボード、シャワーキャリーは所定の位置に戻しておく
▶シャンプーやボディソープなどが無くなっていないか確認する
▶洗い場に石鹸やシャンプーなどの泡が残らないように流す

脱衣室内

▶脱衣用椅子などを所定の位置に戻す
▶床が濡れている場合、転倒防止のために拭き取っておく
▶衣類やタオルなどが残っていないか再確認
▶認知症高齢者や他の入居者が入らないように施錠確認
▶最終入浴介助者は、ボディソープやシャンプーのストック確認
▶最終入浴介助者は、エアコンを切る

図表4－12　入浴後の環境整備マニュアル（例）

当者はもう一度自分の手の甲で確認すれば、二重チェックができます。

「シャワーとカランはぶつかり事故が起きないよう横にする」

「バスボード・シャワーキャリーは所定の位置に戻す」

「最後の人はボディソープやシャンプーのストックを確認する」

「洗い場に石鹸やシャンプーの泡が残らないように流す」

浴室脱衣室の後片付けは、掃除をすることではなく、次の人が安全に介護できる環境を整えることです。全ての人が同じ状態にしておくことです。最低限、やるべきことだけを書いて、脱衣室にいつでも見られるように貼っておきましょう。同時にそれがチェックリストにもなります。

介護マニュアルの目的は、介護の画一化、マニュアル介護ではありません。事故を予防するために「すべきこと」「してはいけないこと」を整理し、事故の発生原因を一つでも消していくものです。その多くは介護業界に共通した知識・ノウハウですが、詳細については、それぞれの法人・事業所で個別に作成しなければなりません。活きたマニュアルにするには、その検討過程での様々な〝気づき〟が不可欠だからです。同一法人の同じ介護付有料老人ホームでも、浴室脱衣室の設計が違えば、「安全介護マニュアル（入浴編）」は変わります。それぞれの事業所で作成しなければ意味がありません。

もう一つ、このマニュアル化で最も重要なのは、新人もベテランも、派遣もアルバイトも、全員が同じことをするということです。一人でも違うことをすると、事故の要因が増えるだけでなく、他の人を事故のリスクに巻き込むことになります。だからリスクマネジメントは経営者の責任で、マニュアル順守は業務命令なのです。

「私のやり方は違う」と守れない人は、辞めてもらうしかありません。

8　事故・急変時の初期対応マニュアルの整備

日勤、夜勤、外出時を問わず、事故や急変は必ず発生します。転倒骨折や誤嚥・窒息など、介護スタッフに発生責任はなくても、初期対応が遅れて亡くなったり、重い障害が残ったりした場合、安全配慮義務を問われることがあります。

「昨日のAさんの転倒時、夜勤にベテランの副主任がいてくれてよかった」

その気持ちはわかりますが、リスクマネジメント対策としては失敗です。

「あの気難しい家族さんへの対応を、派遣の新人がしたのか……」

「よりによって新人ばかりの夜勤の時に、どうして事故が起きるの?」

遅かれ早かれ、必ずそうなります。

「状況に応じて、臨機応変に対応を……」と言う人がいますが、平時には当然できることが、緊急時・事故発生時には焦ってできません。特に経験の浅い新人スタッフは、あれこれ考えすぎてパニックになります。何をすれば良いかわからないから、事故や急変が不安で、夜勤がストレスになるのです。

「転倒を発見した時には何を確認すべきか」

「意識はあるのか、頭は打っていないのか」

「嘔吐や頭が痛いと訴えがあった時には、どうすべきか」

すべきことはすべて決まっています。決まっていることはマニュアル化と教育・訓練です。初期対応はあれこれ考えずに、有資格者・無資格者、ベテラン・新人を問わず、すべてのスタッフが順序通り、あらかじめ決められた行動ができるようにすることです。

救命救急研修は、新人研修でも必須ですし、吸引機・AEDはすぐに全員が使えるようにし

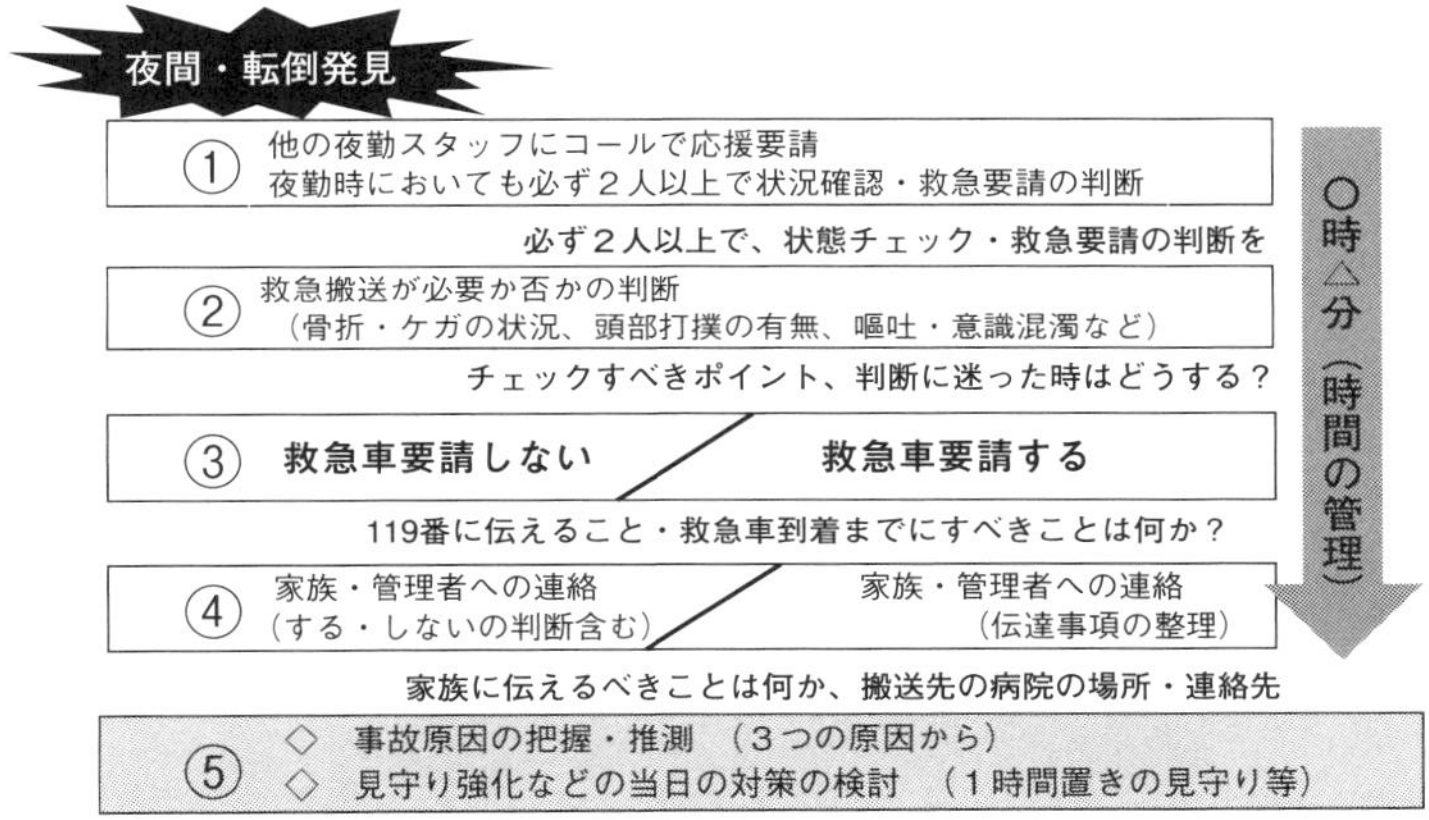
夜間・転倒発見
①
他の夜勤スタッフにコールで応援要請
夜勤時においても必ず２人以上で状況確認・救急要請の判断
必ず２人以上で、状態チェック・救急要請の判断を
②
救急搬送が必要か否かの判断
（骨折・ケガの状況、頭部打撲の有無、嘔吐・意識混濁など）
チェックすべきポイント、判断に迷った時はどうする？
③
救急車要請しない
救急車要請する
119番に伝えること・救急車到着までにすべきことは何か？
④
家族・管理者への連絡
（する・しないの判断含む）
家族・管理者への連絡
（伝達事項の整理）
家族に伝えるべきことは何か、搬送先の病院の場所・連絡先
⑤
◇　事故原因の把握・推測　（３つの原因から）
◇　見守り強化などの当日の対策の検討　（１時間置きの見守り等）
○時△分（時間の管理）

図表４－13　夜間転倒時初期対応マニュアル（例）

ておかなければなりません。その訓練は一度行えばよいのではなく、繰り返し行う必要があります。特に、人数の少ない夜勤帯や外出時を意識してマニュアルを整備します。

夜間に転倒しているのを発見したときに何をすべきか、初期対応のマニュアルの検討例を示します（図表４－13）。

①必ず二人以上で状況確認・判断

事故発生時には緊張、混乱します。一人で判断すると、その判断が正しかったのか不安になります。万一、裁判になった場合も想定し、二人以上で判断することが必要です。

②救急搬送が必要か否かの判断

骨折や嘔吐、意識混濁などの場合は、すぐに救急車の要請をします。頭部打撲でも意識はしっか

消防署の問いかけ	ホームの通報内容
119番消防署です 消防ですか？　救急ですか？	救急です
住所を教えて下さい	○○区△△町426　◆◆ホームです
あなたのお名前を教えて下さい	介護スタッフの山田太郎です
今、お使いのお電話番号を教えて下さい	075－123－4567です
何歳の方がどうされました？	90歳3階入所者の京都花子さんが、転倒され、頭部打撲で意識が朦朧とされています
かかりつけのお医者さんはありますか？	協力病院は○○病院です
そこには何の病気でかかっていますか？	高血圧です
普段飲んでいるお薬はありますか？	○○病院で処方されている、高血圧のお薬を飲んでいます

図表4－14　救急車要請119番応答マニュアル（例）

りしている場合や、認知症などで打撲の有無が不明の場合はどうするのか。「大事をとって」は大切ですが、転倒だけで病院搬送するのも大変です。裁判でもそこまでは求められてはいません。ただ、その判断はとても重要ですから、必ず二人以上で状況把握や救急要請の判断をします。その確認のポイント、判断基準も明確にしておきます。

③救急搬送する場合の対応

１１９番への電話対応、救急隊員への伝達事項は何か。電話で説明すべきこと、救急車が来るまでにすべきことは何か。すべて決まっています（図表4－14）。

④救急搬送をしないときの対応

必要な応急措置を行い、「頭が痛いとか、気分が悪くなった時はすぐにコールしてください」「今日は、トイレに行く時もスタッフを呼んでください」と本人に伝えるとともに、急変がないかの見守り、巡回強化も行います。

⑤家族への連絡をする／しないの判断

意識不明、混濁など救急要請の時は家族にすぐに連絡します。意識が明瞭など救急搬送しない場合、夜中でも連絡するのか、少し様子をみるのか、サービス担当者会議などで説明、確認をしておきます。救急搬送で家族に連絡するときは、搬送されたときの状態、病院の場所のほか、協力病院の電話番号や場所も的確に答えられるようにしておくこと。スタッフが付いて行く場合は、携帯番号（施設の緊急用）も伝えます。これは、夜間に高熱を発するなど急変があった場合も同じです。

これら、「事故発見時の対応の流れ」「１１９番対応」「家族連絡」など、救急搬送の時に必要となる入所者氏名、年齢、疾病など必要事項をまとめた初期対応マニュアルを整備し、すぐに取り出せるよう、ひとつのファイルにしておきます。

夜勤帯で起きる事故の八割は歩行時の転倒と移乗時のベッド・車椅子からの転落です。それは年に何度かは必ず起きるものです。マニュアルを作るだけでなく、それに基づいて研修時にロールプレイングなどで訓練をします。やるべきことがわかっていれば、事故や急変を恐れる必要はなくなります。それだけで、介護現場のストレス、特に新人スタッフの精神的な負担を大きく軽減させることができます。

9　介護事故報告書はなぜ上手く書けないのか

「リスクマネジメント対策として介護事故報告書を作成している」

そういう事業所は多いのですが、施設長や介護部長などを対象としたセミナーで、「介護事故報告書は介護事故予防に役立っていると思うか」と問うと、それぞれに顔を見合わせるだけで手は挙がりません。それはリスクマネジメントの対策としては最悪です。管理者や介護現場のトップが、「事故報告書なんて意味がない＝リスクマネジメントなんて意味がない」と感じている状態だからです。

第1章で述べたように、介護事故報告書の目的は四つあります。

◇事故・トラブルの原因を明らかにし、同様の事故の発生を予防すること
◇事故後の初期対応が適切であったのかを検証し、事故の拡大を予防すること
◇家族・行政などに正確な情報を連絡・報告すること
◇裁判等に備え、対応方法から終結までの情報を一元的に管理すること

では、その目的を達成するには報告書に何を記入しなければならないのか。

◆どのような状況で事故が起きたのか、何が原因でその事故は起きたのか
◆発生時の状態確認などの初期対応は何を行ったのか、それは適切だったのか
◆注意喚起や急変の見守り、巡回を含めどのような臨時の予防策を取ったのか
◆家族にはどのように報告・連絡したのか、その時の応対はどうだったのか
◆ケアプランの変更、設備備品の見直しは必要なのか
◆安全介護マニュアル、初期対応マニュアルなど業務改善は必要なのか

介護事故報告書は、「事故が起きました」という報告書ではありません。事故状況や原因分析、初期対応だけでなく、家族への連絡、行政への報告、さらには、ケアプラン見直しやマニュアル変更の提言など、事故の収束、改善まで追記していかなければなりません。

「働いている事業所の、いまのリスクマネジメントのレベルを知りたい」と思うのであれば、介護事故報告書を見ることをお勧めします。そこには、「サービス管理は適切に行われているのか」「介護事故の対応や改善のノウハウのレベルはどの程度のものなのか」「経営者・管理者は、リスクマネジメントの重要性を理解しているのか」など、ここまで述べてきたこと、そのすべてがわかります。それがあなたの働いている介護保険施設、高齢者住宅の、現在のリスクマネジメントのレベル、サービス管理の質です。

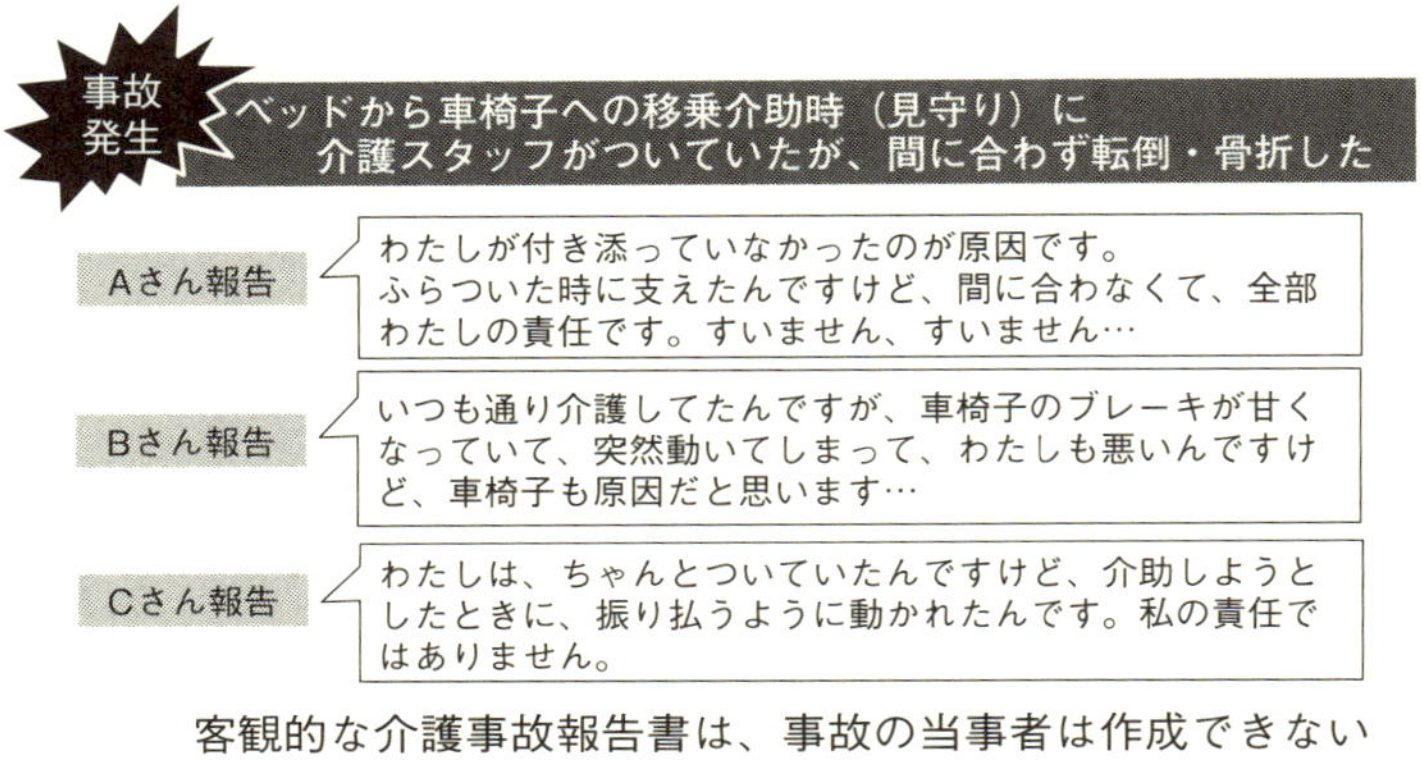
事故発生
ベッドから車椅子への移乗介助時（見守り）に介護スタッフがついていたが、間に合わず転倒・骨折した
Aさん報告
わたしが付き添っていなかったのが原因です。ふらついた時に支えたんですけど、間に合わなくて、全部わたしの責任です。すいません、すいません…
Bさん報告
いつも通り介護してたんですが、車椅子のブレーキが甘くなっていて、突然動いてしまって、わたしも悪いんですけど、車椅子も原因だと思います…
Cさん報告
わたしは、ちゃんとついていたんですけど、介助しようとしたときに、振り払うように動かれたんです。私の責任ではありません。
客観的な介護事故報告書は、事故の当事者は作成できない

図表4－15　介護事故報告書作成の難しさ

「介護事故報告書を書けないスタッフが多くて困っている」

経営者や管理者からは、そのような相談が多いのですが、それは当たり前のことです。

事故報告書を正しく記入するには、八つの知識・技術・ノウハウが必要です。

① 高齢者介護・ケアマネジメントに関する知識・技術
② 介護事故の予防に関する知識・技術
③ 介護事故の発生原因についての知識
④ 事故発生時の緊急対応・初期対応に関する知識
⑤ 事故原因の分析や初期対応の評価・検証能力
⑥ 介護事故の予防・改善について検討・実施できる知識・ノウハウ
⑦ 家族への連絡・報告・説明を適切に行うことの

できる知識・経験

⑧①〜⑦までのリスクマネジメントの全体像の理解

正確な報告書を作成するには、一般的な介護やケアマネジメントに関する技術・知識だけでなく、原因分析や初期対応など介護事故に関する高い知識・技術・ノウハウが必要になります。しかし、介護現場で働くすべてのスタッフが、これだけの知識・技術・経験を持っている事業所は、全国どこにもありません。

また、これらの知識、技術をもっている人であれば正確に事故報告書を書けるかといえば、それも難しいのです。なぜなら、介護事故の当事者には、報告書の中で最も重要な⑤の原因分析や初期対応の客観的な評価・検証ができないからです。

ベッドから車椅子の移乗介助時に転倒したという事例を考えましょう（図表4－15）。

「Aさんは、事故を防げなかったショックで、すべて自分のミスだと思っている」
「Bさんは、車椅子のブレーキが甘くなっていたことに原因があると考えている」
「Cさんは、きちんと介護をしていたのに利用者が急に動いたためだと言い張る」

当事者が報告書をつくると、本人の性格・主観・感情によって、その内容（原因分析等）はまったく別のものになります。つまり、「介護事故報告書を書けないスタッフがいる」のではなく、事故の当事者に報告書を書かせることが間違っているのです。

10 介護事故報告書は「事故の検証」なしに作成できない

あなたが交差点で出合い頭に交通事故を起こした場合、「事故当時にそこにいたのだから、事故の原因を分析して事故報告書を出してください」と言われて、交通事故の報告書を書けるでしょうか。四つ角で発生したバイクと車の接触事故でも、それぞれの運転手は全く違う報告書を書いてくるはずです。

同様に、介護事故の状況や原因を把握するには、第三者がきちんと検証しなければなりません。報告書を書くのは事故の当事者ではなく、その検証者なのです。

介護事故の検証とは何か。何をすべきか、これは、そう難しいものではありません（図表4－16）。

まず、事故の検証は一般業務に優先して行うこと。事故の起きた現場で行うこと。夜勤帯の事故ですぐに検証できない場合は、翌朝の申し送り前ということになります。入居者も含め、その事故に関係したスタッフ全員が集まって、介護事故の知識・技術・ノウハウがある第三者が検証します。

検証することは二つだけです。

一つは状況把握。

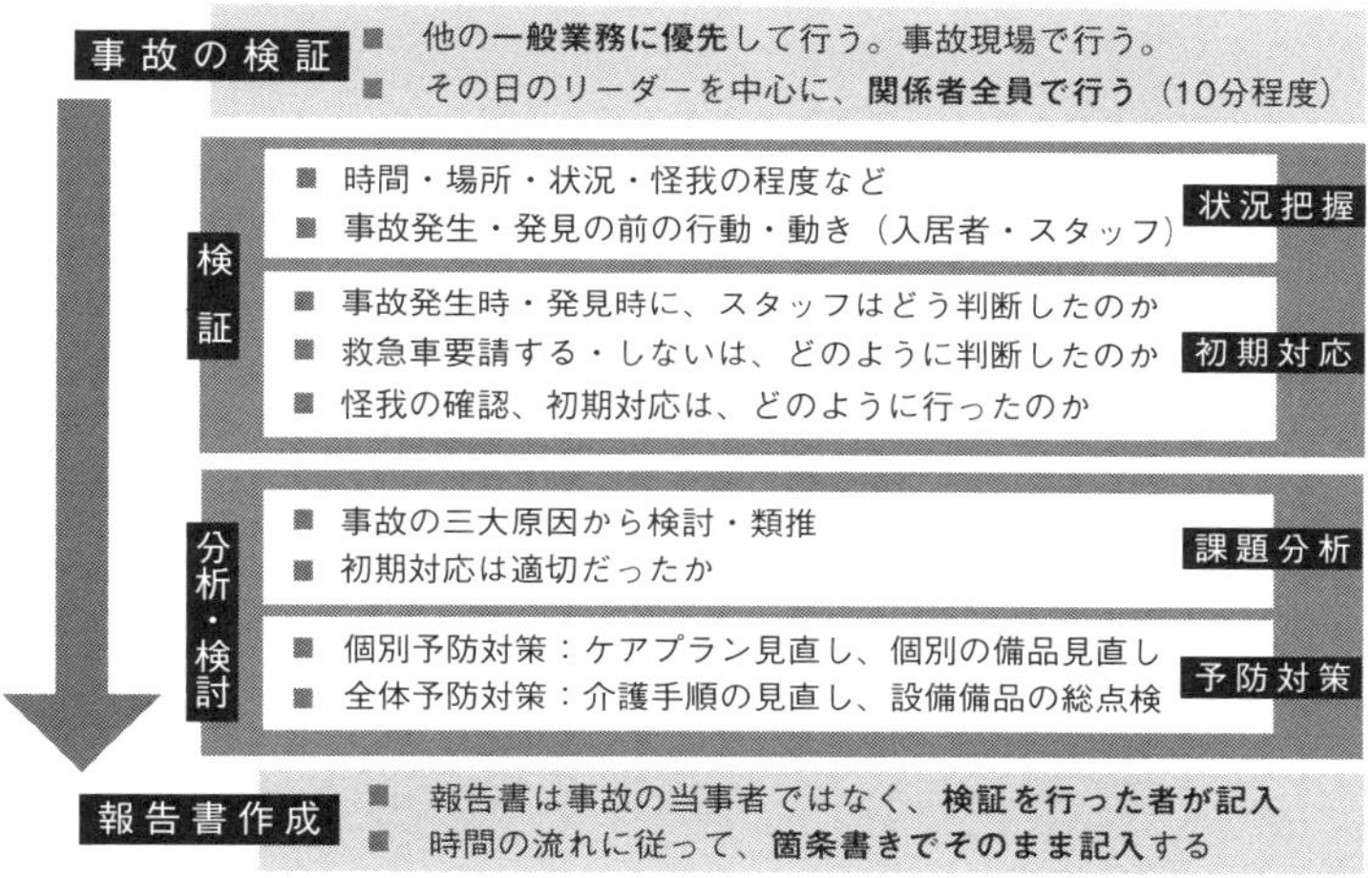
事故の検証
■ 他の一般業務に優先して行う。事故現場で行う。
■ その日のリーダーを中心に、関係者全員で行う（10分程度）
検証
■ 時間・場所・状況・怪我の程度など
■ 事故発生・発見の前の行動・動き（入居者・スタッフ）
状況把握
■ 事故発生時・発見時に、スタッフはどう判断したのか
■ 救急車要請する・しないは、どのように判断したのか
■ 怪我の確認、初期対応は、どのように行ったのか
初期対応
分析・検討
■ 事故の三大原因から検討・類推
■ 初期対応は適切だったか
課題分析
■ 個別予防対策：ケアプラン見直し、個別の備品見直し
■ 全体予防対策：介護手順の見直し、設備備品の総点検
予防対策
報告書作成
■ 報告書は事故の当事者ではなく、検証を行った者が記入
■ 時間の流れに従って、箇条書きでそのまま記入する

図表4－16　事故検証の流れとポイント

事故が起きた時間、場所、状況、怪我の程度、事故発生時、発見時の動きを正確に把握します。もう一つは、初期対応。

「事故発生時・発見時にスタッフは怪我の有無や状態をどう判断したのか」

「救急車の要請をする、しないはどのように判断したのか」

「怪我の確認、初期対応は、どのように行ったのか」

例えば、「夜中に声がして部屋に駆け付けたときには転倒していた」という事故。このような事故は避けられません。ただ、初期対応は誰が行ったのか、頭部打撲の可能性をどう確認したのか、救急搬送の判断はどうしたのか、本人とどのような話をしたのか、急変に備えて巡回の頻度を上げるなどの対応はしたのか、などに重点をおいて確認します。

検証作業はこれで終了です。ケースにもよりますが一〇分はかかりません。

検証が終われば、あとは検証者が分析・検討を行います。

一つは、事故原因の分析。

事故の原因がどこにあったのか、直接的な原因だけでなく、その誘因はなかったのか。これは、事故の三大原因（入所者・スタッフ・設備備品）から、なぜその事故が起きたのかを探ります。例えば「トイレ内で車椅子からの移乗時に転倒」という場合、車椅子のブレーキが甘くなっていたのか、ブレーキをかけ忘れたのか、手が滑ったのか、衣服が引っ掛かったのかなど、きちんとした状況や原因がわからなければ、対策はとれません。認知症高齢者の場合は、その時の状況から類推することになります。

二つ目は、初期対応の分析。

発見時に、「怪我の判断（特に頭部打撲）」「救急対応の判断」「応急措置」「見守り・巡回強化」などの初期対応はマニュアル通りにできたのか。できたこと、できなかったこと、なぜできなかったのか、検証者の見解を記入していきます。

もう一つは、予防対策の検討です。その利用者に同じ事故が起きないよう、当夜の夜勤スタッフへの申し送り、本人への注意喚起など、必要だと思うことを記入します。それが全体の問題であれば、安全介護マニュアルの見直しや設備備品の総点検などを行います。

ここまで、その検証・検討をした人間が、箇条書きでそのまま記入します。検証作業を含め

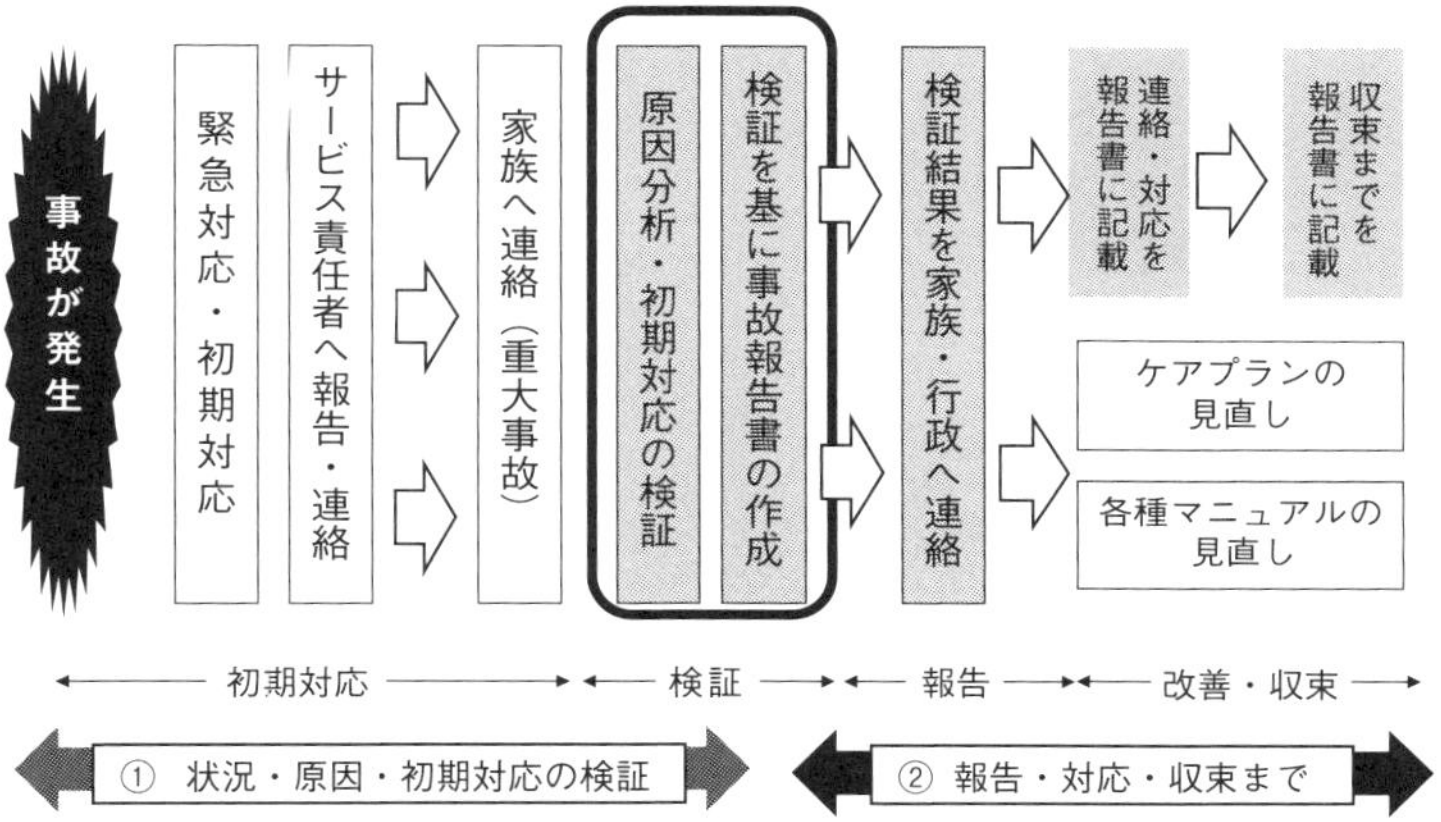

図表4－17　発生から収束までの流れ

ても一時間以内、慣れてくれば三〇分程度で記入できるはずです。勤務終了後に当事者があれこれ考えながら書くよりも、その方がずっと早く正確な報告書が書けますし、その日のうちに一次的な予防策まで共有しなければ意味がありません。

検証作業がリスクマネジメント力を高める

この事故報告書は、「一次対応まで報告すれば終わり」というものではありません（図表4－17）。

骨折以上の重大事故の場合は行政への報告も必要ですし、「施設損害賠償保険」に加入している場合は、保険会社との連絡・調整も必要となります。家族とどのような話をしたのか、その時の応対はどうであったのか、行政への報告は、いつ、どの部署の誰に、どのように報告したのか、保険会社とはどのような交渉をしたのかも含めて事故の収束まで報告書に追記します。

併せて業務改善に向けて、検討・記入を進めていきます。

すぐにできる対策としては、原因となった設備備品（車椅子など）の修繕や事故当事者に対する説明、申し送りによる他のスタッフへの注意喚起などがあります。

検討が必要な対応・対策は、医師への薬の副作用の確認、栄養士との食事内容の見直し、ケアプランの変更の他、安全介護マニュアル、初期対応マニュアルの見直しなど全体に関わるものです。必要に応じてリスクマネジメント委員会への付託や、勉強会の開催を検討します。

図表4-17のように、介護事故発生後の対策は、初期対応・検証・報告・改善収束の四段階に分かれ、事故報告書は、状況・原因・初期対応の検証とその後の報告・連絡・対応・収束までの二つに大きく分かれるということです。

ネットやSNSには、「転倒時の介護事故報告書記入例」「事故報告書のひな型」のようなものがたくさん上がっていますが、それに頼ると真実から離れていきます。「第三者が検証する」「検証者が報告書を作成する」「連絡・改善・収束まで記入する」ということさえわかっていれば、体裁などどうでもいいのです。

この検証作業というのは、犯人捜しでも、粗探しでも、叱責のためでもありません。介護事故は一瞬の隙や些細なミスで発生します。事故を起こそうとして起こす人もいませんし、「サボっていて事故を起こした」という事例もありません。介護事故の半分以上はスタッフのミスではありませんし、後からであれば、「ああすべきだった、こうすべきだった」と第三者はいくらでも言えるからです。

逆に、検証作業をすることによって、事故発生時、発見時には時計を見る癖がつくことや、「できたこと」「できていないこと」「もっとこうすれば良かった」ということが、たくさん見えてきます。それは発生者・発見者となった介護スタッフにとっても、検証者にとっても、また事業者にとっても、リスクマネジメントのノウハウ・実力の大幅アップになるのです。

11 介護事故の解決・収束までの手順を見直す

リスクの拡大・波及を防ぐための対策は、入居前に行う「入居相談・説明」「ケアマネジメント」「入居判定委員会」の実施と、もう一つが、実際に事故が発生した時に行う「解決・収束対応」です。この「解決・収束対応」は、介護現場ではなく施設長など管理者の仕事です。

管理者の主たる仕事は、事業所内で発生するあらゆるトラブルへの対応です。事故の大小にかかわらず、リスクは累積〜拡大〜波及していきます。そのため、どんな小さな事故・トラブルであっても、管理者が率先して対応しなければなりません。

解決・収束対応のポイントは、大きく分けて二つあります。

一つは、外部の連絡先・報告先の整理です。

これは事故だけではなく、感染症や災害などでも同じです。どんな時に、どこに、誰に、ど

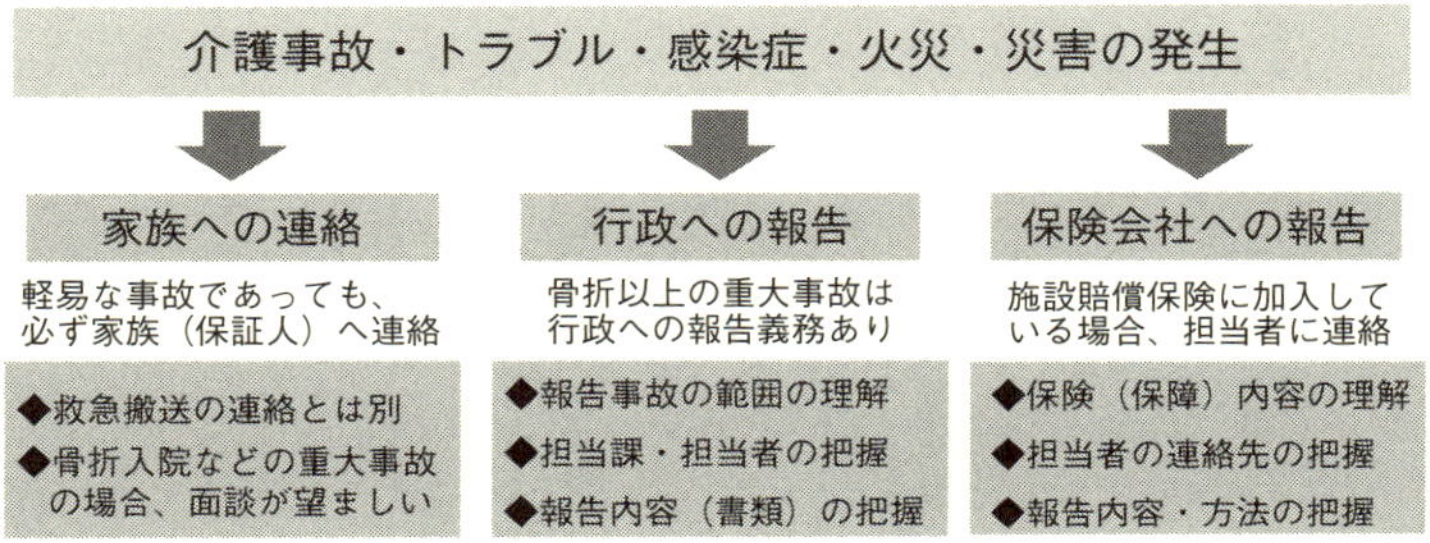
介護事故・トラブル・感染症・火災・災害の発生
家族への連絡
軽易な事故であっても、必ず家族（保証人）へ連絡
◆救急搬送の連絡とは別
◆骨折入院などの重大事故の場合、面談が望ましい
行政への報告
骨折以上の重大事故は行政への報告義務あり
◆報告事故の範囲の理解
◆担当課・担当者の把握
◆報告内容（書類）の把握
保険会社への報告
施設賠償保険に加入している場合、担当者に連絡
◆保険（保障）内容の理解
◆担当者の連絡先の把握
◆報告内容・方法の把握

図表４－18　連絡・報告先の整理

のように報告するのかを理解しておかなければなりません。

まずは家族です。怪我のない軽易な事故であっても、必ず管理者から家族に連絡すること。骨折や入院などの重大事故の場合は、電話だけでなく面談して説明することが必要です。

これは「事故が起きた時だけ」ではありません。管理者は普段から入居者や家族とコミュニケーションをとって信頼関係を醸成することが必要です。特養ホームや高齢者住宅の入居入所時には「スタッフに直接言えないことは、何でも相談してください」と、施設長室でご家族とコーヒーを飲んでお話しするとか、遠方の方にはリモート面談を検討するなど、できることはたくさんあります。普段から信頼関係を構築しているだけで、大きな事故も小さく収まります。

骨折以上の重大事故の場合、介護保険法に基づいて担当行政への報告義務があります。感染症や食中毒の場合は、保健所への連絡も必要です。どのような場合に行政報告が必要となるのか、その報告内容や担当部署も事前に把握しておきます。重大事故の場合、その中間報告や収束報告も行いましょう。行政機関とも普段からコミュニケーションをとっておけば、色々と相談に乗ってくれます。

保険会社とのコミュニケーションも大切です。施設賠償保険に加入している場合は、その保険・補償内容について理解しておくとともに、骨折以上の事故が起きれば、担当者にも連絡します。保険会社は事故対応のプロです。事業者の法的な過失の有無や、最悪の場合に想定される損害賠償額、また無理難題や恫喝があった場合も、その場では対応せず、アドバイスを受けるとよいでしょう。

もう一つは、介護現場への指示です。

介護現場から、介護事故の原因・初期対応の検証に基づく報告書が上がってきます。そこからは管理者の仕事です。現場で考えた対応策が適切なものか判断し、指示を与え、申し送り、ケアプラン変更、マニュアルの見直し、備品点検など、「いつ」「誰が」「何をするのか」を明確にします。追加報告が必要なものがあれば、これも求めます。

事故を発生させた・発見したスタッフとの面談も大切です。事故の状況・初期対応について、報告書の内容に間違いはないか、追記すべきことはないかを確認します。そして、検証者が行った原因分析や初期対応の課題について、一緒に話し合います。

この面談は、ミスを指摘したり叱責するために行うものではありません。どのような話をするのか、しなければならないのかは、一人ひとり違います。事故の発生に大きなショックを受けているスタッフもいるでしょうから、話を聞いてフォローします。

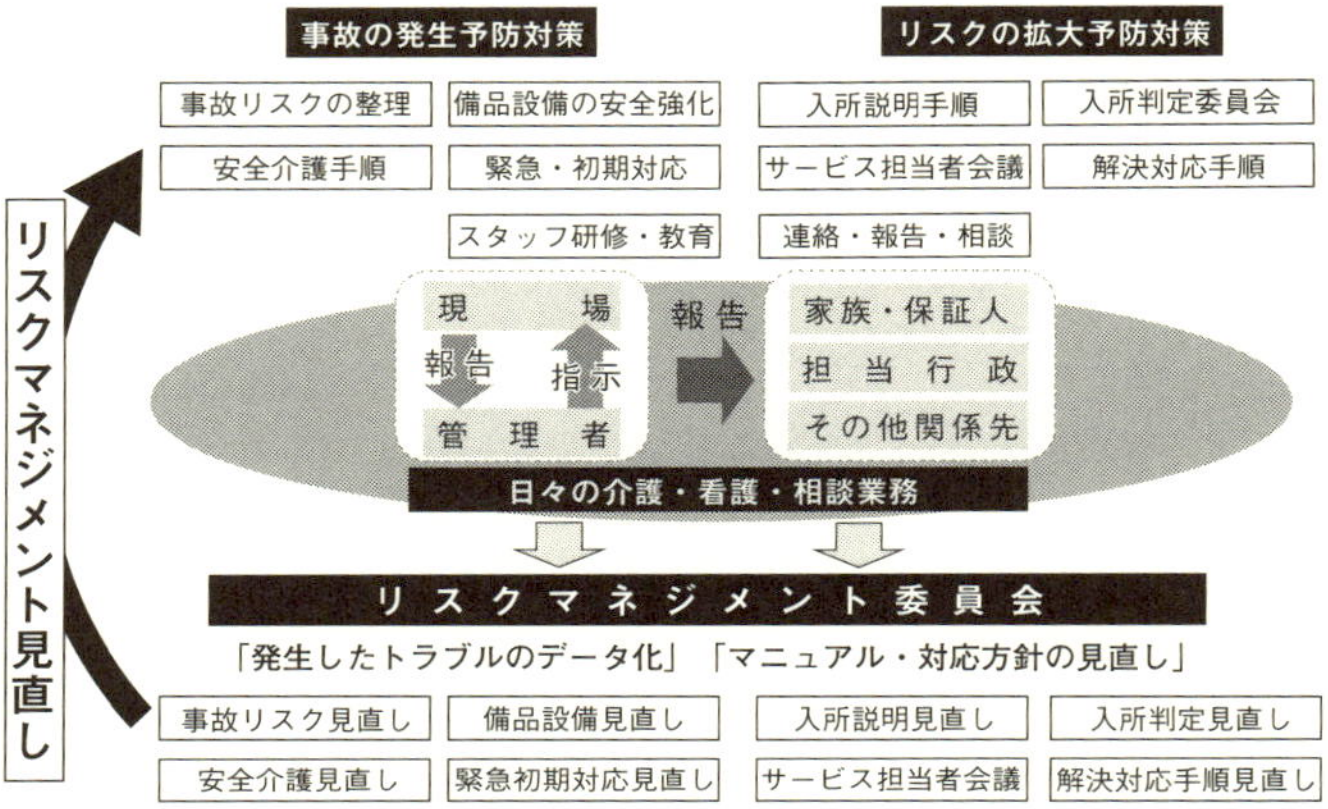

図表4－19　リスクマネジメント委員会

必要であれば「リスクマネジメント委員会」の参集を行います（図表4－19）。リスクマネジメント委員会は、ここまで述べてきたことを管轄する組織です。介護看護スタッフだけでなく、生活相談員やケアマネジャー、栄養士から事務方まで、リスクマネジメントに関わる全職種のスタッフが参加します。「安全介護マニュアル」「初期対応マニュアル」の変更・見直しなど、全体に関わることはリスクマネジメント委員会で検討します。

その対応範囲は、事故対策だけでなく感染症対策、火災災害対策、苦情・クレーム対応など、すべてを含みます。介護事故の発生時だけでなく、新人研修や防災訓練、インフルエンザが発生する時期、近くの施設で疥癬が発生したなど、短時間でもいいので委員会を開催し、対応を検討します。

先に述べた介護事故報告書が上がってきた場合、そこから収束までの記入は、管理者と介護現場がキャッチボールしながら、相互に記入していくということがわかるでしょう。

ここまで介護事故を例にリスクマネジメントの対策実務について述べてきました。リスクマネジメントは、「介護事故報告書」「防災訓練」「感染症の勉強会」といった個別のものではなく、入所相談からケアプラン作成、安全な介護看護業務、初期対応から解決対応まで、すべての業務の土台となるシステム・仕組みだということがおわかりいただけるでしょう。

それは感染症対策や防火防災対策、クレーム対応も同じです。

施設長や管理者には、法的にも経営的にもこれらのリスクに対する重い責任と高い対応能力が求められます。これからの時代、介護の知識・技術だけでなく、介護事故やクレーム対応、感染症、災害対応なども含め、リスクマネジメントの知識・技術・ノウハウがなければ、管理者になれません。

そして、その管理者の育成を含め、リスクマネジメントの推進の責任者は経営者なのです。

最初に述べたように、リスクマネジメントは、「事業の継続と安定的発展を確保していく経営上の手法」です。そしてその主たる目的は、「スタッフをリスクから守ること」「介護現場の労働環境を改善すること」です。

いまも、「介護はブラック」とされる原因を給与の低さと考えている人が多いのですが、給与や賞与の額を聞かないまま働き始める人はいないはずです。その本質は、「介護労働の働きにくさ」「リスクマネジメントの不備」にあるということがお分かりいただけるかと思います。言い換えれば、これからの時代は、リスクマネジメントのできる経営者のもとでしか介護スタッフは安全に安心して働けないということ、リスクマネジメントに消極的な法人・事業者は間違いなく淘汰されていくということです。

介護業界としても、その取り組みはまだ始まったばかりです。利用者・家族の権利意識など、経営環境の変化に合わせて、その知識・技術・ノウハウを蓄積していかなければなりません。

リスクマネジメントは、これからの介護経営の最重要課題なのです。

おわりに

これまで私は、介護サービス事業者を対象としたリスクマネジメントセミナーを行ってきました。二〇二一年から始まった介護報酬の安全対策体制加算の算定基準の一つに「外部研修を受けた担当者の配置」が必要となったため、セミナーには「法人から言われてきました」という人も増えています。


加算対象となったことで、たくさんの事業者に興味を持っていただいている半面、

「九〇分程度のセミナーだけで、どこまで理解できるのか……」

「現場の介護スタッフだけでなく、経営者・管理者に聞いてほしいのだけれど……」

「加算目的に受講しただけで終わらなければいいが……」

という不安や懸念を拭うことができずにいます。


繰り返し述べている通り、介護リスクマネジメントの推進は事業者の責任です。介護経営者の義務と言ってもいいかもしれません。経営コンサルタントの立場で言えば、「真剣に取り組まなければ、あなたの介護事業に未来はない」という介護経営の最重要課題です。

同時に、この介護リスクマネジメントを土台とした介護労働環境の改善は、介護の未来、後期高齢社会の未来を左右する、社会問題でもあります。

介護リスクマネジメント推進のために、業界として取り組むべき課題を三つ挙げます。

一つは、介護リスクマネジメントリーダーの育成です。

述べたように、リスクマネジメントは介護現場だけの仕事ではありません。入所・利用前の相談説明からケアマネジメント、入所判定委員会の実施などすべての業務の根幹になるものです。その対象は介護事故だけでなく、感染症や食中毒、火災や自然災害、苦情・クレーム対応など多岐に渡りますし、安全配慮義務など法律的な理解も必要です。加算目的に、一度きり、一時間・二時間ほどの研修を聞いただけでは、その全体像を理解して、その事業所のリスクマネジメントを推進するための担当者になることはできません。

介護業界全体の介護リスクマネジメントの底上げのためには、「通所系サービス」「入所入居系サービス」など、事業種別ごとに、介護リスクマネジメントの実務に必要となる「知識・技術・ノウハウ」を論理的に整理し、マニュアル整備、介護事故の検証などの実務研修を行い、介護のリスクマネジメントの実務を担うリーダーとなる人材を育成していかなければなりません。介護福祉士やケアマネジャーなどの有資格者を対象に、リスクマネジメントのリーダーの講習資格を整備し、管理者には必須資格にすべきと考えます。

二つ目は、介護報酬におけるリスクマネジメント加算です。

いまの介護報酬は基本報酬を据え置いて、介護福祉士を呼び戻すための「処遇改善加算」に重点が置かれていますが、それが十分に効果を発揮していないことは、介護福祉士の資格者数に対する従事者数の割合が変わっていないことを見ても明らかです。

介護福祉士が逃げ出しているのは、給与・待遇の問題ではなく、介護現場の働きにくさ、矛盾、リスクを知っているからです。仮に、年収が一〇〇万円上がったとしても、対策が整わないまま重い法的責任を負わされる管理者やサービス提供責任者になど、誰もなりたがらないでしょう。

いま行われている「安全対策体制加算」は、介護保険施設だけ、それも新規入所者の初日にのみ二〇単位（二〇〇円）を加えるという微々たるもので、リスクマネジメント推進のインセンティブにはなりません。事務的・形式的な介護マニュアル、介護事故報告書は、介護現場に負担を強いるだけで、リスクマネジメントの推進に反するものとなっています。

このリスクマネジメントの推進は、介護の専門性の評価だけでなく、労働環境の改善を直接的に促すものです。リスクマネジメントリーダーの設置などを含めた実務とルール、指導監査体制が一体となった加算体制を強化しなければなりません。

もう一つは、介護福祉士、社会福祉士などの養成校、短大、福祉系大学における、リスクマネジメントの講義の推進です。

介護現場で働く介護福祉士には、介護事故の種類やその原因、対策、初期対応などの知識・技術・ノウハウは不可欠ですし、社会福祉士も相談援助のプロとして、介護サービスの利用までに、法律上、何を説明しないといけないのかを理解しなければなりません。

ケアマネジャーも同じです。ケアマネジメントとリスクマネジメントには密接な関係がありますが、いまのケアマネジャー（介護支援専門員）の受験項目の中には、リスクマネジメントの項目はありません。そのため「介護事故の整理」「介護事故の原因と対策」などの専門的な知識・技術・ノウハウが欠けており、ケアマネジメントにかかる法的責任も理解していません。

福祉系の大学の卒業生でも、また国家資格の有資格者であっても、またベテランのケアマネジャーでも、介護事故にかかる三つの法的責任や、安全配慮義務の範囲さえ知らないというのが現実です。それは、バスの運転手が「どんな交通事故があるのか知らない」「交通事故の法的責任など考えたこともない」と言うのと同じで、とても介護のプロとはいえません。

言い換えれば、いまの介護福祉士やケアマネジャーは、自分の身を守る手段さえ教えられていないということです。そのため、重大な介護事故が起きてから、「こんなはずじゃなかった」「介護の仕事なんて無理」と逃げ出しているのです。

最後に、介護人材確保の未来について、お話ししておきましょう。

厚労省は、団塊ジュニア世代が高齢者となる二〇四〇年には、必要な介護職員の数は二七二万人となり、二〇二二年と比べて、追加で五七万人が必要になると推計しています。

「二〇四〇年には、二〇万〜三〇万人の介護人材が足りなくなる」

「都市部を中心に、介護人材不足はどんどん加速するだろう」

経営者からも人材不足を憂える声は大きいのですが、これはそう単純な話ではありません。

いま、「最低賃金を一五〇〇円にする」という話が出ていますが、それは現実的ではないとしても、賃金上昇圧力は高まります。そうなれば企業では、今以上にＡＩ化、ＩＴ化、ロボット化による人減らしが進み、産業構造や労働環境は一気に変わっていくでしょう。

二〇一四年、オックスフォード大学のオズボーン准教授が「雇用の未来」という論文を発表し大きな話題となりました。野村総研との共同研究で、日本にある仕事の約半分（四九％）はこれらの技術によって代替することが可能だとしています。

実際、企業の中でも会計や税務、給与計算など一般事務と呼ばれた職種の数は一〇〇万人単位で減っていますし、図書館の貸し出し、ホテルのフロント、スーパーのレジの仕事も機械化が進んでいます。寿司はロボットが握り、居酒屋の注文もタッチパネルです。電子マネーが普及すればセルフレジ化も進み、マイナンバー制度が定着すれば、公務員の数も減ります。

二〇二四年三月の就業者数は六七〇〇万人程度ですが、ＡＩ、ロボットに取って代わられる仕事が一〇％でも六七〇万人、五％でも三三五万人です。

しかし、本書冒頭に述べたように、介護の仕事はロボットやＡＩに代替することはできません。また、高給ではありませんが、一定の給与水準が確保され、全国どこでも働くことのできる安定した仕事です。そう考えると、慢性的な介護人材不足が続くのはあと五年、長くても一〇年未満だろうと思います。

ただこれは、介護業界にとって良いことかと言えば、そうではありません。「他に仕事がないから介護でも……」という、モチベーションの低い人ばかりが増えるからです。

このまま介護リスクマネジメントが進まなければ、先人たちが築いてきた介護の専門性は失われ、「高齢者介護のプロになりたい」という人はいなくなります。ケアマネジメントは崩壊、囲い込みなどの不正がはびこり、介護スタッフを危険な労働環境で使い捨てるような経営者ばかりになり、介護現場では「介護は大変だから」「介護はブラックだ」「文句があるなら自分で介護しろ」と、介護スタッフによる手抜き介護、介護虐待、暴言暴力が当たり前の世界になってしまいます。もうすでに、一部ではそうなっています。

その結果、「虐待が怖くて、親を高齢者住宅に入れられない」「子供が介護するしかない」と、介護離職やヤングケアラーが蔓延する社会になっていきます。最初に述べたように、それは介護業界だけの問題ではなく、経済・社会の仕組みが根底から破綻するということです。

いま、日本はその岐路に立っています。

そうならないための唯一の方策は、この「リスクマネジメントの推進」なのです。

濱田孝一（はまだ・こういち）
1967 年生まれ。経営コンサルタント。1990 年立命館大学経済学部卒業。旧第一勧業銀行入行。その後、介護職員、社会福祉法人マネジャーを経て、2002 年にコンサルティング会社を設立。現在は「高住経ネット」の主幹として、高齢者住宅、介護ビジネス、介護人材育成などのコンサルティング・講演・執筆を行っている。社会福祉士、介護支援専門員、宅地建物取引士、ファイナンシャルプランナー。

ホームページ　http://koujuu.net/
E-mail　hamada@koujuu.net
YouTube でリスクマネジメントに関する動画を配信中

高齢者介護はリスクマネジメントの時代へ
――介護のプロを呼び戻せ

2025年 2 月10日　　初版第 1 刷発行

著者 ――― 濱田孝一
発行者 ―― 平田　勝
発行 ――― 花伝社
発売 ――― 共栄書房
〒101-0065　東京都千代田区西神田2-5-11出版輸送ビル2F
電話　03-3263-3813
FAX　03-3239-8272
E-mail　info@kadensha.net
URL　https://www.kadensha.net
振替 ―――00140-6-59661
装幀 ――― 黒瀬章夫（ナカグログラフ）
印刷・製本― 中央精版印刷株式会社

ISBN978-4-7634-2159-3 C0036